ALEXIS,

OU

LES DEUX FRÈRES.

. . . . Je suis debout, St. Julien tombe

ALÉXIS,

OU

LES DEUX FRÈRES.

PAR RABAN,

AUTEUR DU CURÉ-CAPITAINE, etc.

TOME SECOND.

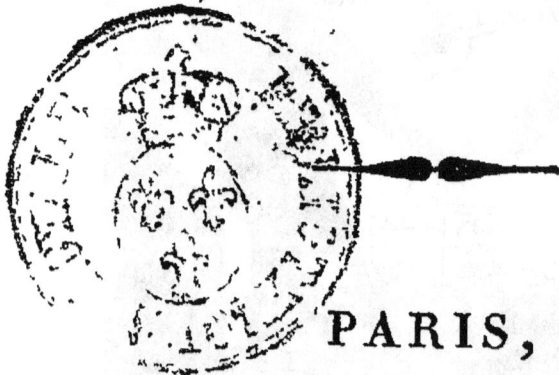

PARIS,

Chez LOCARD et DAVI, Libraires,
quai des Augustins, nᵒ 3, à la descente
du pont Saint-Michel.

1820.

ALEXIS,

OU

LES DEUX FRÈRES.

CHAPITRE PREMIER.

Ce qui se passa entre Angéline et mon voisin. — Retour à Paris, et ce qui s'ensuivit.

Lorsque nous fûmes seuls, Angéline voulut sortir du lit. — Vous me fuyez ? lui dis-je, et je la retins dans mes bras ; elle était tremblante. — Hélas ! répondit-elle, vous savez que je n'ai point appris à combattre mon cœur, et si Julie n'était pas mon amie....

2,   I

Mais que dis-je ? Suis-je digne d'être aimée de vous ?.... Et un soupir s'échappa de sa poitrine.... Je le recueillis sur ses lèvres de roses.... Je respirai sa douce haleine..... Dieux ! quel feu m'embrasa!... Quel torrent de délices!... Quel océan de voluptés !....... Enfin, après quelques instans de délire, la raison nous revint. Le beau visage d'Angéline était encore appuyé sur le mien, et je sentis quelques larmes s'échapper de ses beaux yeux. Je cherchai à la consoler d'une faute dont j'étais plus coupable qu'elle, puisqu'un sentiment d'humanité l'avait seul fait agir, et je lui tins tous les discours que je crus propres à la calmer. « Ah! s'écria-t-elle, je regretterais moins mon innocence si je vous l'avais sacrifiée, car alors je croirais mériter d'être aimée de celui auquel j'aurais fait ce sacrifice. Mais est-ce à moi d'être la rivale de Julie, de ce cœur pur, de cette âme angélique? Non, non, elle vous mérite, vous êtes un bien que je ne puis ni ne veux lui ravir. Soyez heureux, et votre bonheur suffira pour me faire supporter la vie ».

Je ne pense pas que beaucoup de mes Lecteurs se soient trouvés dans une pareille situation; mais ce dont je suis très-sûr, c'est qu'il est impossible, sans cela, de s'en faire une juste idée. Quelle femme! me disais-je, quel mélange incompréhensible de vice et de vertu!.... Dans ce moment l'incendie se ranime, le feu recommence à circuler dans mes véines, et nos soupirs se confondent une seconde fois. — Ah! me dit Angéline, j'épuise aujourd'hui la coupe du bonheur!...

Un doux sommeil succéda à ces voluptuéuses étreintes; et le jour nous trouva dans les bras l'un de l'autre. Alors l'affreuse accusation qui pesait sur ma tête se présenta avec plus de force à mon imagination refroidie. Accusé d'un crime horrible, et n'ayant aucun moyen de défense, toutes les apparences étant contre moi, je voyais les cachots ouverts pour me recevoir jusqu'à ce que ma tête fût livrée au bourreau. Ces réflexions me plongèrent dans une sombre mé-

lancolie ; un torrent de larmes s'é-
chappa de mes yeux, et Angéline,
qui semblait deviner ce qui se passait en moi, y mêla les siennes.

« Alexis, me dit-elle après quel-
.ques instans de silence, retournons
à Paris ; nous y retrouverons M. et
madame Rigaud : ces bonnes gens
nous aideront de leurs conseils et
de leur crédit ». Je trouvai cet
avis très-convenable, car la scène
de la veille au soir m'avait convaincu que je n'étais pas en sûreté à
Rouen. Je retins aussitôt deux
places dans la voiture de Paris, je
payai la dépense qu'avait fait ma
jeune compagne, et nous reprîmes
ensemble la route de la capitale.
J'avais eu la précaution de changer
d'habit, et cette circonstance me

sauva; car, à notre arrivée à Paris, tous les voyageurs furent scrupuleusement examinés par la maréchaussée : je faillis me trahir vingt fois, et sans les regards d'Angéline, qui me répétaient sans cesse de me tenir sur mes gardes, je n'eusse probablement pas échappé aux recherches dont j'étais l'objet. Enfin nous arrivâmes chez le bon M. Rigaud, que notre apparition ne surprit pas médiocrement, non plus que son excellente femme. Cette dernière embrassa tendrement sa jeune protégée, la félicita d'avoir échappé une seconde fois au perfide comte, sur le chapitre duquel elle ne tarissait pas; mais son bon époux, qui avait la très-louabe habitude de ne jamais interrompre sa fidèle moitié,

se permit, pour cette fois, de lui faire
observer que le plus pressé était de
me mettre à l'abri de toutes les recherches dont j'étais l'objet, et,
qu'elle aurait tout le temps, après
cela, de s'entretenir du comte de
Saint-Julien, qui, ajouta-t-il, n'en
valait cependant pas la peine. Madame Rigaud trouva très-juste l'ob-
servation que faisait son mari; car
je dois prévenir le Lecteur que ces
bonnes gens ne ressemblaient en
rien aux époux d'aujourd'hui : ce
que faisait le mari, la femme le
trouvait bon, et ce que disait la
femme était toujours approuvé du
mari. On me dira peut-être qu'une
pareille union était aussi rare autrefois qu'aujourd'hui : cela peut fort
bien être, car je ne suis pas de
ceux qui prétendent que nos ancê-

tres valaient mieux que nous, et
que tout dégénère ici-bas. Je disais
donc que mon bon hôte pensa à
me mettre en sûreté. Il se trouvait,
dans une chambre du second, une
armoire servant de garde-robe,
dont la porte était si artistement
pratiquée dans le lambris, qu'il
était impossible de l'apercevoir :
une sonnette, placée dans cette
chambre, correspondait au rez-de-
chaussée. Il fut convenu que j'ha-
biterais cet appartement, qu'en cas
de visite judiciaire, la sonnette
m'avertirait, et que l'armoire dont
je viens de parler me servirait de
retraite. Je fus aussitôt conduit à
mon nouveau logement; de peur
d'être surpris, on initia le bon
Dubois dans le mystère, et nous
commençâmes à nous entretenir

avec moins d'inquiétude. Tous
ces évènemens étaient presque une
bonne fortune pour madame Rigaud, car elle pouvait en faire une
histoire pour le moins aussi inté-
ressante que celle de la marquise
de P. Lorsque j'eus satisfait à toutes
ses questions, et qu'elle sut tout ce
qui m'était arrivé depuis que
j'avais quitté sa maison (excepté
pourtant la nuit délicieuse dont le
Lecteur se rappelle sans doute, et
dont je crus devoir me dispenser
de parler à ma très-compatissante
hôtesse), madame Rigaud m'apprit dans le plus grand détail les
suites de mon malheureux combat. Le capitaine n'était pas mort,
sa blessure n'était pas même fort
dangereuse. Cette nouvelle me

soulagea beaucoup; mais une chose épouvantable, c'était la déclaration qu'avait faite ce frère barbare, et d'après laquelle j'étais un infâme assassin. En entrant dans son appartement, avait-il-dit, j'avais mis l'épée à la main, et, sans avoir eu le temps de se défendre, il était tombé sous mes coups.

« Le misérable ! m'écriai-je. — Vous sentez bien, continua madame Rigaud, que lorsque ces détails parvinrent à notre connaissance, nous fûmes bien loin d'y ajouter foi. D'ailleurs, lorsque le capitaine fut secouru, il avait encore son épée à la main, ce qui prouvait qu'il s'était défendu, et quelqu'extraordinaire que nous parût votre absence, nous ne balançâmes pas à vous croire parfaitement innocent ».

Lorsque ma protectrice eut achevé de parler, je la priai de me laisser seul un instant, et je me hâtai d'écrire à mon père, et de lui mander tout ce qui m'était arrivé depuis quatre jours. J'étais accablé de douleur : le capitaine était à la vérité hors de danger ; mais je n'en étais pas moins accusé d'un crime atroce. Cependant on se familiarise même avec l'infortune. Peu-à-peu mes peines me parurent moins vives, et le calme rentra dans mon âme.

Angéline et madame Rigaud passèrent une partie de la journée du lendemain dans mon appartement, tandis que le vieil ami de

mon père était allé prendre des
informations sur mon affaire.
Madame Rigaud, sous le prétexte
de me désennuyer, nous raconta
une foule d'histoires, dont elle
avait grand soin de ne pas omettre
la moindre particularité, ce qui
faisait certainement honneur à sa
mémoire. Angéline ne disait rien;
mais son grand œil noir qui, de
temps en temps, se fixait sur moi,
me procurait des distractions
beaucoup plus douces que ne fai-
saient tous les récits de notre bonne
hôtesse. Quelquefois le souvenir
de Julie venait à mon secours, et
j'étais honteux d'avoir pu l'oublier
dans les bras d'une femme dont les
appas avaient été tant de fois souil-
lés; mais, un instant après, cette

honte s'évanouissait, pour faire place au désir, et, au risque d'être en proie à de nouveaux remords, je me sentais capable de tout braver pour passer encore une nuit dans les bras d'Angéline. Je pensais même à trouver le moyen de pénétrer jusqu'à elle, tandis que le sommeil fermerait les yeux de tous les commensaux. La journée se passa au milieu du conflit des divers sentimens qui m'agitaient. M. Rigaud n'avait rien appris de nouveau en ce qui me concernait; seulement il savait que le capitaine allait de mieux en mieux, mais qu'il persistait dans sa première déclaration. Le souper fut aussi gai que le permettaient les circonstances; et sur les onze heures, on se retira, les uns pour chercher du repos, les autres pour donner un libre cours à leurs réflexions. M. et madame Rigaud étaient les premiers, Angéline et moi étions les derniers ; nous allons bientôt voir ce qui résulta de ces dispositions. — Rien de bon, j'imagine ? — Pardonnez-moi, il en résulta un peu de bien, et beaucoup de mal. Mais patience, nous y voilà ; je suis dans ma chambre, j'en ferme exactement la porte, je me mets au lit, et voilà mon imagination en campagne. Vous pensez peut-être que c'était le souvenir de Julie qui chassait le sommeil loin de ma paupière, ou que la terrible accusation qui pesait sur ma tête absorbait toutes mes facultés. Si vous pensez cela, mon cher monsieur, vous êtes furieusement loin de la vérité. Quant à la malheureuse affaire pour laquelle, ce qu'on appelle en France *la justice,* était à mes trousses, j'avais pris mon parti, et j'étais très-disposé à attendre tranquillement l'évènement. Pour Julie, j'y pensais bien un peu; mais elle était loin de moi, et dans les dispositions où je me trouvais par suite des regards d'Angéline, les absens avaient grand tort. C'était donc à ce charmant petit lutin que je pensais; c'était mon aimable protégée qui faisait battre la campagne à son protecteur.... Grondez, grondez, messieurs les moralistes, oh! oui, grondez moi bien fort; mais aussi

tâchez d'oublier que vous avez eu
dix-huit ans, et qu'alors vous aviez
ou vous deviez avoir une imagination ardente, et des sens à satisfaire.
A force de réfléchir sur les moyens
à employer pour parvenir près
d'Angéline, et après avoir enfanté
mille projets, plus extravagans
les uns que les autres, je m'en tins
à celui-ci, qui me parut le seul
exécutable. On se rappelle que
ma jeune protégée occupait une
chambre au premier étage, et que,
pour y arriver, il fallait traver-
ser l'appartement de madame
Rigaud; ainsi il ne fallait pas
penser à prendre ce chemin : mais
tous les chemins sont praticables
pour l'amour, et lorsque l'espiègle
trouve la porte fermée, il entre par

la fenêtre : ce fut précisement ce
que je fis. Après avoir ouvert ma
croisée avec précaution, m'être
assuré qu'il n'y avait plus de
lumière dans la maison qui faisait
face à celle de M. Rigaud, et que
par conséquent aucuns regards in-
discrets ne contrarieraient l'exécution de mes desseins, je mesurai
de l'œil la distance qui séparait ma
croisée de celle d'Angéline : quinze
pieds tout au plus, et mes draps,
attachés au bout l'un de l'autre, en
avaient plus de vingt-quatre. C'é-
tait, comme on voit, beaucoup
plus qu'il n'en fallait pour descendre ; mais il fallait aussi songer à
la retraite, et pour cela les dix pieds
de surplus me devenaient indispensables.

Mon calcul bien établi, je mis
la main à l'œuvre ; j'attachai solidement mes draps à une barre de fer
qui était placée à la fenêtre pour
servir d'appui, je fis, de distance
en distance, de gros nœuds, au
moyen desquels je pouvais facilement remonter chez moi. Ces dispositions terminées, j'entrai en
campagne, et, en quelques minutes,
je parvins sur la croisée de l'aimable
enfant : ce n'était pas là toute la
difficulté, cette croisée était fermée
et on ne pouvait l'ouvrir qu'en
cassant les vitres, ce qui n'eût pas
manqué d'éveiller la bonne dame
Rigaud. Heureusement Angéline
ne dormait pas, elle entendit frapper doucement sur le verre :
comme elle était tant soit peu fa-
miliarisée avec ses sortes d'aven-

tures, elle devina tout d'abord ce que cela voulait dire , et sa sensibilité naturelle ne lui permit pas de résister. L'espagolette tourne sous sa main tremblante..... me voilà dans ses bras..... des baisers de feu voltigent sur nos lèvres..... et le quinzième ciel est ouvert pour nous recevoir.... O vous qui appelez le bonheur *une chimère !* si vous aviez passé une nuit, une seule nuit dans les bras d'Angéline, de cet être incompréhensible , vous seriez bien forcés de tenir un autre langage. De tous les inventeurs de paradis, Mahomet fut le plus sensé : il n'imaginait pas de plus grand bonheur, de félicité plus pure que de jouir continuellement des plaisirs de l'amour. En effet, qu'est-ce qu'un printemps éternel, qu'un ombrage frais, que le chant des oiseaux? Qu'est-ce que tout cela en comparaison des houris du prophète?....

Un sommeil doux et réparateur succèda à nos transports, et à tout cela succéda un évènement qui eut des suites très-funestes, et dont je vous ferai part incessamment.

CHAPITRE II.

Catastrophe.

Le sommeil, dont nous avions un très-grand besoin, fermait nos yeux depuis quelques instans, lorsqu'un bruit confus de voix se fit entendre : nous prêtâmes une oreille attentive. Au même instant la porte de la chambre s'ouvrit, et M. Rigaud parut, suivi de plusieurs archers. Angéline pousse un cri et se jette le drap sur la tête ; je m'élance hors du lit : M. Rigaud laisse tomber son flambeau, sa bougie s'éteint, et nous voilà tous dans la plus profonde obscurité. Tandis que mon hôte appelle Dubois et lui

ordonne d'apporter de la lumière,
je saute sur la croisée. Les archers,
qui m'aperçoivent, me crient d'arrêter, ou qu'ils vont faire feu. Je
faisais trop peu de cas de la vie
pour que leur menace m'intimidât :
je m'empare de mon drap, et je
grimpe. Aussitôt dix balles font voler les vitres en éclats; aucune ne
m'atteint; mais qu'entends-je? Au
bruit des armes, succèdent des gé-
missemens. Je n'en doute plus...
c'est elle, c'est Angéline que les
barbares ont frappée. Oh! alors je
ne songe plus à fuir; je reviens près
du lit où quelques instans avant...
Dans ce moment Dubois entre avec
un flambeau. Que vois-je! Une
balle avait frappé ce beau sein, et
la pâleur de la mort couvrait ce

visage, le plus bel ouvrage du créateur. A cet affreux spectacle, la rage, le désespoir, la soif de la vengeance s'emparèrent de moi, je m'élance au milieu ce ces bêtes féroces, je m'empare d'une de leurs carabines, et m'en servant comme d'une massue, chaque coup que j'en porte étend à mes pieds un de ces cannibales. Cependant je fus bientôt forcé de céder au nombre; on me désarma, et quatre des plus vigoureux archers employèrent toutes leurs forces pour me contenir, tandis que d'autres étaient allés chercher du renfort. Ma fureur fit bientôt place à l'abattement; je regardai d'un œil morne la jeune et innocente victime à laquelle M. et madame Rigaud prodiguaient

tous leurs soins ; ces bonnes gens
m'apprirent que les archers s'étant
présentés pour faire perquisition,
attendu qu'ils disaient être sûrs que
j'habitais la maison, Dubois avait
donné le signal convenu, et qu'afin
de me donner le temps de me retirer dans mon armoire avec tous
mes effets, on avait d'abord conduit
les sbires dans toutes les pièces du
rez-de-chaussée, ensuite dans celles
du premier, où ils étaient bien loin
de s'attendre à me trouver. Dans ce
moment Angéline ouvrit les yeux,
promena ses regards sur ceux
qui l'entouraient, et lorsqu'ils
m'eurent rencontré, « Alexis, me
dit-elle, je ne regrette point la vie ;
elle m'eût été sans vous un fardeau
insupportable, et je ne méritais pas

de vous posséder : que Julie soit
heureuse.... » Elle n'en put dire
davantage , et rendit le dernier
soupir dans les bras de notre bonne
hôtesse. Cette scène m'arracha
l'âme, mes nerfs étaient en contraction, je souffrais mille morts.
Ce fut dans cet état qu'on me conduisit au Fort-l'Évêque, où , en
proie à ma douleur, je passai le
reste de la nuit à chercher les
moyens de me débarrasser de la
vie, qui m'était insupportable.

Le jour parut , mais n'apporta
aucun changement à mon horrible
situation. J'avais demandé une
chambre, et, moyennant trois fr.
par jour, on m'avait obligé de m'en-
fermer dans *un grand appartement* de
douze pieds carrés, qui recevait le

jour par une petite lucarne garnie de forts barreaux ; un mauvais lit et deux ou trois chaises vermoulues composaient tout l'ameublement. La perte de ma liberté n'était pas la seule chose qui m'affectât ; mais la cause qui me l'avait fait perdre , et ce qui devait ou ce qui pouvait en résulter. Quel homme eût envisagé tout cela de sang-froid ? quel homme n'eût préféré une mort prompte au supplice qui me menaçait ?

Je n'avais encore rien résolu , sinon de mourir le plus tôt possible, résolution qui n'est pas des plus gaies, lorsque le bruit des verroux et des serrures m'annonça une visite. Je lève les yeux sur la porte, elle s'ouvre... Ciel ! mon père !... Et je

me jette dans ses bras. Ce bon père
venait m'apporter des consolations,
et il ne put que mêler ses larmes
aux miennes. Aussitôt la réception
de ma lettre, il avait pris la poste
pour venir à mon secours : ce matin
même il était arrivé chez M. Rigaud,
qui lui avait appris l'évènement de
la nuit. « O mon père ! lui dis-
je, mes maux sont incurables. La
mort, la mort seule peut y mettre
un terme ; mais rassurez-vous,
je n'attendrai point qu'un supplice
imfâme couvre ma famille d'un
opprobre éternel... — Que parles-
tu de mourir, mon cher Alexis ?
me répondit-il ; ne connais-tu pas
le cœur de ton père ! Penses-tu
qu'il puisse survivre au malheur de
te perdre ? ne sais-tu pas que tant

qu'il me restera un souffle de vie ,
ce sera pour défendre la tienne
contre tes oppresseurs? — Hélas !
tous vos efforts seraient vains ; on
ne fléchit point un tigre...... Le
barbare a soif de mon sang ; il est
impatient de voir tomber ma tête
sous la hache du bourreau , de voir
l'ignominie et le déshonneur s'ap-
pesantir sur les cheveux blancs de
son père. — Mon cher Alexis, n'ag-
grave pas mes peines en me parlant
de ce misérable ; mais vis pour
me consoler de lui avoir donné le
jour. — Que me parlez-vous de
vivre , lorsque je n'ai plus que le
choix de la mort ? — Dieu n'a-
bandonne pas les malheureux ;
rassure-toi , ton innocence triom-
phera , et j'use de toute mon au-

torité pour te défendre d'attenter à tes jours.

Je sais que j'aurais pu là-dessus faire de grandes objections à mon père. J'aurais pu lui demander si on n'avait jamais vu un innocent condamné tandis que le coupable jouissait de toutes les douceurs de vie ; pourquoi Dieu se mêlerait plutôt de mon affaire que de celle de tant d'honnêtes gens qui valaient mieux que moi ; pourquoi Dieu , s'intéressant à moi , n'avait point empêché que tout ce qui m'était arrivé de fâcheux arrivât ; et puisqu'il m'avait laissé conduire en prison , s'il était raisonnable de croire qu'il empêchât qu'on me pendît. J'aurais pu lui dire qu'il serait moins absurde de

croire qu'il n'existe point de Dieu,
que de croire Dieu injuste (1);
mais dans la situation d'esprit où
je me trouvais, on ne raisonne pas
avec tant de sang-froid. Mon père
me défendait de me donner la mort,
je promis de lui obéir, et j'ai tenu
parole, comme vous voyez, car
il y a de cela près de quarante
ans, et je me porte encore très-
bien.

Monsieur Latour passa une partie
de la journée avec moi, chercha à
ramener le calme dans mon âme,
et ne trouva pas de meilleur ex-
pédient que de m'entretenir de
Julie. Il se trompait; c'était jeter
de l'huile dans le feu : me parler

---

(1) Pensée de Diderot.

de Julie, au moment où je me croyais sûr de ne jamais la posséder !..... Il eût été difficile de me faire plus de mal ; mais ce n'était pas l'intention de ce bon père, qui ne cherchait qu'à me consoler, et je ne lui en sus pas mauvais gré.

Cependant mon procès s'instruisait avec activité ; quand je dis avec activité, c'est-à-dire que je pouvais espérer d'être jugé dans le court espace de cinq ou six mois ; mais en fait de justice, cela s'appelle *activité* ; il y a manière de prendre les choses et d'entendre les mots. Au bout de deux mois mon frère fut entièrement rétabli de sa blessure ; mais il n'en persista pas moins

à dire que je l'avais lâchement as-
sassiné.

Enfin, le grand jour, le jour de
mon jugement arriva. J'avais deux
défenseurs, auxquels mon père
avait promis une forte récompense
dans le cas où ils parviendraient à
convaincre de mon innocence quelques hommes élevés à la dignité de
juges, plutôt par la brigue et la fa-
veur, que par leur véritable mérite. La vie d'un homme se marchande avec les avocats comme on
marchande un cheval à un maqui-
gnon, ou toute autre chose; de
sorte qu'il résulte de cela, qu'un accusé n'est coupable qu'en raison
de son plus ou moins de fortune...
Oh! l'excellente législation, qui

met la vie des citoyens à la merci
de pareilles gens..... Maintenant
c'est bien différent; en matière cri-
minelle, les juges ne font plus
qu'appliquer la loi; ce sont les citoyens qui décident la culpabilité
de l'accusé. C'est déjà beaucoup
que de se passer de juges à gages;
mais ce n'est pas assez, il faudrait
aussi pouvoir se passer d'avocats.
Par exemple, qu'est-ce qu'un avocat-général? Un homme payé à
raison de tant par an, pour accuser
publiquement des gens dont il ne
connaît les actions que sur des rap-
ports souvent inexacts et quelquefois entièrement faux. Supprimez
l'avocat-général, et vous n'aurez
plus besoin des autres. Des preuves
évidentes sont seules capables de

faire condamner l'accusé : qu'on
interroge ce dernier, que les té-
moins soient entendus, et que les
jurés prononcent. Voilà une mé-
thode de juger qui en vaut bien
une autre. Je sais qu'elle ne sera
pas du goût de tout le monde, particulièrement de messieurs les avocats, avoués, etc.; mais que m'importe leurs suffrages? J'use du droit
de publier mes pensées, et je ne
crains pas de m'attirer quelque
procès, les avocats ne lisent pas de
romans.

Pendant les cinq mois qu'avait
duré ma captivité, mon père ne
m'avait presque point quitté. Monsieur et Madame Rigaud m'avaient
aussi visité fort souvent. On avait
tout tenté auprès de mon frère

pour l'engager à se rétracter; tout
fut inutile. Peut-être aussi la honte
était-elle un des motifs qui le fai-
saient agir, car il ne pouvait revenir sur sa première déclaration sans
passer pour un infâme calomnia-
teur. Quoi qu'il en soit, l'accusation pesait sur moi avec autant
de force que le premier jour; et,
si la Providence devait me proté-
ger, il était grandement temps
qu'elle commençât. Nous verrons,
dans le chapitre suivant, ce qu'elle
fit pour me tirer de ce mauvais pas.

CHAPITRE III.

*Mon voisin est mis en jugement.
Évènement tragique.*

Nous y voilà ! nous y voilà ! voyez-vous mes juges assis dans leurs fauteuils, et tout prêts à s'endormir ? Entendez - vous mes honorables défenseurs, à propos d'un prétendu fratricide, parler de Sparte, d'Athènes et de Rome ? Cités superbes jadis ; mais que n'y eux, ni moi, ni mes juges n'avons jamais vues, et qui n'ont rien de commun avec mon affaire. Qu'importe ce dernier point ? Mon père leur donne cent louis

pour parler trois heures, et on
ne peut pas répéter pendant trois
heures : *cet homme n'a pas assas-
siné son frère.* Cependant, malgré
l'éloquence de cent louis (ces
messieurs en ont à tous prix) ,
mon affaire prenait une très-mau-
vaise tournure : le portier du capitaine, et plusieurs autres per-
sonnes avaient été appelées en té-
moignage ; le premier déclara m'a-
voir vu descendre immédiatement
après la consommation du crime.
J'avais, disait-il, les yeux hagards,
les cheveux hérissés, et enfin tout
l'air d'un homme qui vient de
faire un mauvais coup ; les autres
m'avaient vu courir comme un
homme qui craint d'être pour-
suivi, et moi je voyais à travers

de tout cela les fourches patibu-
laires, ornées de mon chétif individu. Ce point de vue n'avait rien
de séduisant. Quelques mauvais
plaisans ne manqueront pas de
dire qu'en ma qualité de Normand, je devais être familiarisé
avec le gibet, ou quelqu'autre gen-
tillesse de cette force, que les
bons Parisiens trouvent si spiri-
tuelles. Je laisserai ces messieurs
s'égayer tout à leur aise, je les
laisserai calomnier une province
qui a fourni, dans un siècle,
plus de grands hommes à la France,
que Paris et sa banlieue depuis
leur origine ; et en ma *qualité de
Normand*, le lecteur ne trouvera
pas mauvais que je lui apprenne
l'issue de mon procès.

Les débats sont terminés, mes juges ont été aux opinions, les voilà qui reprennent leur place... Le fatal arrêt est à demi prononcé... Tout-à-coup la porte s'ouvre, un homme se précipite au pied du tribunal, le président demeure interdit, je regarde... Dieux! n'est-ce point une illusion?.. Non, je le vois, je l'entends, c'est lui, c'est mon frère. « —Arrêtez! s'écrie-t-il, ne condamnez point un innocent! c'est moi qui ai provoqué Alexis, qui l'ai forcé à se défendre ; ma déclaration était fausse, je voulais perdre mon frère ; mais les remords l'emportent sur ma haine, il est innocent, je suis seul coupable, et je débarrasse la société d'un monstre. En achevant ces mots, il tira un poignard, s'en frappa à plusieurs reprises, et tomba mort aux yeux de l'assemblée. Le plus morne silence régnait, la consternation était générale, mes juges sur-tout parurent atterées. Enfin on fit enlever le corps sanglant du capitaine, et je fus absous à l'unaminité. Ce tragique évènement tempéra la joie que je ressentis de recouvrer ma liberté. Je retournai, avec mon père, chez les bonnes gens de l'île Saint-Louis, qui, malgré les nombreux désagrémens que je leur avait causés, s'intéressaient toujours vivement à moi. Ils me revirent avec beaucoup de plaisir, et ce jour fut pour eux le sujet d'une petite fête.

Cependant de tristes souvenirs oppressaient mon âme. Ma vie, me disais-je, ne sera-t-elle qu'une longue et sanglante tragédie ? Mon arrestation avait été marquée par le meurtre, et quel meurtre... Grand Dieu ? Ma mise en liberté avait été amenée par un suicide. Il eût fallu avoir une âme de fer pour qu'elle ne fût pas ébranlée par toutes ces secousses. « De quelle matière était donc composée la vôtre ? me demandera quelque caustique. — Eh ! mon cher, où avez-vous vu que l'âme fut une matière ? — Qu'est-ce donc ? — Ah ! Qu'est-ce ? qu'est-ce ? Que sais-je, moi ? Et qu'en savent tout nos savans qui ont déraisonné et qui déraisonnent là-dessus tous les jours ? L'un dit que ce n'est rien ; l'autre que c'est beaucoup. L'un dit blanc, l'autre dit noir, et moi, de peur de dire quelque sottise, je me tairai là-dessus, et j'engagerai tous les raisonneurs à en faire autant.

Le moral étant chez moi sensiblement affecté, le physiqne s'en ressentit promptement, et de retour dans la maison paternelle, je fis une longue et douloureuse maladie : les soins de mon père parvinrent encore à m'arracher à la mort, qui semblait me poursuivre avec opiniâtreté ; mais je n'avais pas vidé la coupe de fiel qui m'avait été préparée.

Savez-vous bien, dis-je à mon voisin, que si vous continuez sur

le même ton, votre histoire ne
ressemblera pas mal à un cimetière, où vous enterrerez tous vos
personnages les uns après les autres ? — Peu m'importe à quoi elle
ressemblera, me répondit-il froidement : puis il toussa, savoura une
prise de tabac et continua sa narration, que je vais continuer d'écrire pour passer le temps, et que
je donne au public, pour ce qu'elle
vaut.

Je disais donc, reprit mon voisin, que j'échappai de nouveau à
la mort, et il était inutile de dire
cela, attendu que si j'étais mort,
je ne le dirais à personne, et que
le Lecteur n'aurait pas l'inappréciable avantage de lire le quatrième
chapitre de ma vie, qui sera très-

probablement plus long que celui-ci, et qu'il ne tiendra qu'à lui de trouver meilleur, ce dont je lui saurai bon gré ». Ainsi soit-il, mon cher voisin, m'écriai-je, ainsi soit-il; mais, de grâce, commencez donc ce quatrième chapitre, ou je ne réponds pas que le Lecteur ait la patience d'achever celui-ci.

CHAPITRE IV.

Julie est sur le point de se faire religieuse ; ce que fait mon voisin pour l'en empêcher. — Préparatifs pour un enlèvement.

PENDANT ma maladie, et dans le cours de ma convalescence, je ne cessais de parler de Julie, je priais, je suppliais mon père de m'obtenir la main de ma maîtresse, je l'assurais que je ne saurais plus vivre sans cela. Monsieur Latour promettait toujours ; mais il s'en tenait aux promesses, je crus même remarquer que mes pressantes sollicitations lui causaient de l'embarras. Les amans sont ombrageux ; je conçus dès-lors de violens soupçons : Julie avait pris le voile, ou appartenait à un autre ; cela me paraissait évident ; cependant je crus devoir m'assurer de quelle manière ma maîtresse m'était ravie. Si elle est l'épouse de Dieu, me dis-je, je l'enlève sans craindre les poursuites du mari, car en fait d'amour, le bon Dieu n'est pas un rival dangereux, et la preuve de cela, c'est que de toutes les épouses vierges, il n'en est pas une qui n'échangeât volontiers son immortel époux contre un mortel amant. Faut-il donc être plus que Dieu pour suffire à tant de femmes? Dans le cas ou Julie aurait épousé un mortel, cela eût été plus embarrassant; car si le bon Dieu, qui a tant d'épouses, ne tient pas à une de plus ou de moins, un homme, qui n'en a qu'une, veut au moins l'avoir toute entière, et quand bien même l'époux de Julie eût été un *bon mari* dans toute l'acception du mot, je n'étais pas d'humeur à me contenter du partage. Cependant, avant de me mettre l'esprit à la torture, il me parut raisonnable de savoir à quoi m'en tenir; et, comme je commençais à sortir, il me fut très-facile de prendre des renseignemens.

C'était pendant la nuit que je faisais ce beau raisonnement. Dès le matin je me mets en campagne pour reconnaître la position de l'ennemi, et m'assurer jusqu'à quel

point mes conjectures étaient fon-
dées. Mon intention était de me
rendre dans un café voisin de la
maison de mon père. La maîtresse
de cet endroit était une vieille veuve
qui depuis long-temps n'avait
d'autre plaisir que de déchirer cha-
ritablement son prochain : elle tenait registre de toutes les anecdotes
scandaleuses de la ville, et personne, mieux qu'elle, n'était capable de m'instruire de ce qu'il
m'importait tant de savoir. J'entre
dans le café, la limonadière est
dans son comptoir, un homme,
les deux coudes appuyés sur une
table voisine, cause assez fami-
lièrement avec ce répertoire des
nouvelles du jour ; les traits de ce
dernier ne me sont pas inconnus,

je le regarde attentivement, et je reconnais..... Devinez qui. Vous souvient-il de monsieur François, de cet homme de mérite qui m'avait introduit dans le couvent?.. Vous y êtes, n'est-il pas vrai? Eh bien! c'est lui - même que je reconnais, et certes je ne pouvais le rencontrer plus à propos. « Parbleu! mon cher François, je suis bien aise de vous rencontrer ». A ces mots François me regarde, me reconnaît, et comme personne n'est plus impertinent qu'un valet quand il sait qu'on a besoin de ses services, celui-ci vint sans façons s'asseoir à ma table, et buvant au préalable un verre de liqueur des îles, que je m'étais fait servir, il me demanda ce qu'il pouvait faire

pour mon service. Je le priai
d'abord de me raconter ce qui
s'était passé chez madame Blondo ,
depuis mon départ de Cherbourg.
— Bien volontiers, me dit-il, car
bien que, depuis l'aventure de la
malle, je ne sois plus au service de
cette piegrièche, je n'en suis pas
moins instruit de tout ce qui se
passe chez elle. Un homme d'esprit
tire parti de tout, et j'avais un
secret pressentiment que cela me
servirait un jour; et puis on n'est
pas fâché de savoir un peu ce qui
se passe, cela fait que dans toutes
les occasions, on peut glisser son
mot, donner son avis, et personne
ne perd à cela; car lorsque je me
mêle de donner un conseil, ou de
mener une intrigue... Vous savez

de reste comment je m'en tire.
Passons à l'essentiel.

Dès que l'aventure du couvent
fut connue de madame Blondo,
cette vieille sotte, qui ne sait pas
apprécier le mérite d'un laquais intelligent, me congédia ; et il me
fut impossible de trouver une autre
condition, parce que cette aventure, qui fit un bruit de tous les
diables, me donna une certaine cé-
lébrité; et que les maris de provinces, qui sont tous les plus sots
animaux du monde, craignirent
que je ne fisse usage de mes talens
pour aider leurs fidèles moitiés à
orner les têtes de leurs époux;
comme si les femmes avaient be-
soins de secours pour cela; comme
si un mari pouvait empêcher sa

femme de le faire c... Quant à moi, je regarde les mots *mari* et c... comme synonimes, et je suis persuadé que si l'académie n'est pas de mon avis, c'est que la plupart des académiciens sont mariés. Quoi qu'il en soit, la bonhomie de ces maris cherbourgeois me fit pitié, et j'étais résolu à aller faire valoir mes talens à Paris, lorsque ma bonne étoile me conduisit dans ce café. (Ici M. François parla plus bas.) La maîtresse en est vieille, laide et méchante ; mais elle est à son aise, et je n'ai pas le sou ; elle trouva que, dans ma bouche, la médisance avait un sel peu commun ; elle me fit entendre qu'elle me voulait du bien : la conquête n'était pas précieuse sous le rapport des charmes; mais dans la situation où je me trouvais, c'était une bonne fortune, que je me gardai bien de laisser échapper. Depuis trois mois, je bois, mange et dispose de tout dans la maison, et on n'exige pour cela que quelques épigrammes, que je me flatte de tourner de main de maître, et un peu de complaisance..... Mais ce n'est pas de cela qu'il s'agit; revenons à madame Blondo. Elle ne se contenta pas de me chasser, elle jura encore de punir sa fille d'une faute dont cette dernière était parfaitement innocente, car elle ne s'attendait certainement pas à recevoir son amant dans un coffre; mais pourvu qu'elles se vengent, les femmes n'y regardent pas de si près, et pour se venger de vous, en vous privant de votre maîtresse, Madame ne calcula pas qu'elle ferait le malheur de sa fille. Ce fut en vain que votre père chercha à la ramener à des sentimens plus raisonnables; elle avait aussi à se plaindre du docteur à cause de certain refroidissement..... Les femmes ne peuvent pas se mettre dans l'esprit qu'un homme n'est pas de fer, et que l'âge..... Bref, M. Latour fut forcé de rompre avec madame Blondo. A la sollicitation de cette dernière, la supérieure des carmélites consentit à abréger le temps du noviciat, et aujourd'hui même, Julie prononce ses vœux. —« Aujourd'hui! m'écriai-je, en m'élançant par déssus la table, maudit bavard, c'était cela qu'il fallait me dire d'abord. — Ma foi, Monsieur, je ne pensais pas que vous pussiez ignorer une chose que tout le monde sait, et que vous devez être plus intéressé à savoir que personne. — Aujourd'hui ! répétais-je, en me frappant le front. — Monsieur, quand vous vous casseriez la tête contre les murailles, cela ne changerait rien à l'affaire, et je crois, que vous feriez mieux de chercher à prévenir le coup qui vous menace. Vous connaissez mon intelligence, elle et moi sommes à votre service; et avec cela, on ne doit pas craindre d'échouer, quels que soient d'ailleurs les projets qu'on veuille exécuter».

Il est des circonstances, dans la

vie, où un honnête homme accepte
volontiers les offres de service d'un
fripon , et ces circonstances - là ,
sont plus communes qu'on ne pense.
La proposition de François n'é-
tait pas à rejeter.—« Mais, lui dis-
je, si Julie se marie aujourd'hui
avec le Seigneur, elle ne pourra se
marier avec moi en aucun temps :
avec de l'adresse nous l'enleverons
du couvent, sans doute ; mais j'en
serai réduit au concubinage , et
cela ne pourra durer long-temps,
car je n'ai pas d'état, mon père, ne
pourra en conscience, approuver
ma conduite, donc , il me refusera
sa bourse. Au bout de quelques
mois, je serai forcé de rendre Julie à sa mère, il ne me restera que
le souvenir des plaisirs que j'au-

rai goûtés, auxquels succèdera le
désespoir, et du désespoir, à la
mort..... — Il y a bien loin, interrompit François. Vous parlez
maintenant comme un amoureux,
et cela est très-naturel, puisque
vous l'êtes; mais, trouvez seulement les moyens de passer trois
mois avec votre Julie, et je vous
réponds que lorsque le temps de
vous quitter sera venu, vous le
ferez avec beaucoup de résignation.
D'ailleurs, rien de si facile que
d'empêcher votre maîtresse d'é-
pouser aujourd'hui le bon Dieu.
Il est maintenant onze heures, la
cérémonie est commencée; mais
il s'en faut d'une heure encore
qu'elle ne soit achevée. Courez à
l'église; un coup d'éclat, la prise

d'habit est différée , remise au moins à huit jours, et, pendant huit jours, on a le temps d'enlever dix maîtresses ; nous enlevons la vôtre, le mal est fait, on propose à madame Blondo le seul remède convenable. Sa fille a été enlevée, mais le sacrement sanctifie tout..... à ce qu'on dit. Si la mère refuse, l'honneur de la fille est perdu, et celui de toute sa famille est compromis : si elle accorde, tout le monde est satisfait, et elle accordera, c'est au moins ce que... ».

Tandis que François achevait sa phrase, qui était au moins inutile, je paie la limonadière, et je vole à l'église des carmélites. La foule était grande : mes coudes, mes genoux, m'ouvrent un passage , j'arrive près de la grille du cœur. Dans ce moment, on faisait à Julie la fatale question : Promettez-vous à Dieu, chasteté, etc. Elle allait répondre, elle allait prononcer le *oui*, qui devait la condamner à une prison perpétuelle, je la prévins : « Non, non ! m'écriai-je, elle ne le promet pas, elle ne peut le faire sans devenir parjure. Les liens qui l'unissent à moi sont sacrés, ce sont ceux de l'amour ! et, qu'est le fanatisme auprès de l'amour ?

Dès les premiers mots de cette sortie, qui surprit étrangement l'auditoire, Julie m'avait reconnu, et était tombée évanouie. Tous les assistans me prirent pour un fou, et ils ne se trompaient guère, car d'un fou, à un amoureux, la nuance est légère; il y a même des gens qui prétendent que c'est absolument la même chose, et que dire d'un homme qu'il est *amoureux fou*, c'est faire un pléonasme. Avis à messieurs de l'académie.

Cependant, tout réussit comme l'avait prévu M. François, Julie, ne pouvait dire : oui, puisqu'elle avait perdu connaissance, la cérémonie fut remise, et je m'esquivai dans la foule, très-content de moi, et me promettant de ne pas m'en tenir à ce premier succès. Je retournai au café, aussi glorieux qu'un général qui vient de gagner une bataille. François écouta le récit que je lui fis de ce qui s'était passé, comme un homme plein de

confiance dans son mérite. Il faut
pourtant convenir que le coquin
connaissait le monde, et si c'est
une qualité, il avait au moins celle-
là. « Qu'allez-vous faire maintenant? me dit-il. — Ce que je
vais faire? Je cours trouver mon
père, je le conjure de voir madame Blondo, de lui demander,
pour moi, la main de Julie, et me
voilà au comble de mes vœux. —
Et moi, je dis que vous ne ferez
rien de tout cela. Ce que c'est que
de ne pas connaître le monde !
ayez confiance en mon expérience,
Monsieur, et vous vous en trouverez bien. Je commence par vous
apprendre que rien n'aigrit autant
une femme que la contrariété. Je
gagerais qu'en ce moment ma-

dame Blondo est furieuse contrè
vous, et qu'elle jure que vous ne
serez jamais son gendre. D'un autre
côté, si vous parlez à votre père
de ce qui vient de se passer, il se
méfiera de votre amour, vous
fera garder à vue, et déjouera
ainsi tous vos desseins. Il arrivera
de tout cela que Julie changera
de couvent, qu'au lieu d'être carmélite, elle sera peut-être béné-
dictine ; mais elle n'en sera pas
moins perdue pour vous ».

Je ne pus m'empêcher de trouver
le raisonnement de M. François
extrêmement juste, et je le priai
de m'aider de son expérience.
« Procurez-vous seulement deux
cents louis, me dit-il, donnez
m'en vingt-cinq demain ; et après-

demain, Julie est dans vos bras,
ou François n'est qu'un sot ». Je
pensai qu'il pourrait fort bien se
faire que Julie m'échappât, et que
M. François ne fût pas un sot ;
mais un fripon. Cependant il fallait prendre un parti, et je promis
à François de le revoir le lendemain.

J'étais disposé à faire les plus
grands sacrifices, pour posséder
Julie ; mais François assurait qu'il
me fallait au moins deux cents
louis, et je n'en avais que quinze
dans ma bourse. Cela est embarrassant, très-embarrassant même.
Je ne pouvais demander cette
somme à mon père ; il est vrai que
j'entrais à toute heure dans son
cabinet, que le secrétaire n'était

jamais strictement fermé, quoiqu'il renfermât plus de trois mille louis; il ne m'en fallait que deux cents; le docteur ne s'apercevrait même pas de la soustraction de cette somme. Un moment après je rougis d'avoir pu m'arrêter un seul instant à cette idée. L'amour fait, quelquefois, faire de belles actions; quelques fois aussi, il en fait commettre de bien vilaines. L'idée de puiser dans le coffre-fort de mon père les fonds sans lesquels il me fallait renoncer à Julie, cette idée, dis-je, se présentait sans cesse. L'amour et la délicatesse, qui ne sont pas toujours parfaitement d'accord, se livraient un terrible combat dans mon cœur. La victoire fut long-temps incer-

taine; plusieurs fois j'étais arrivé
jusqu'à la porte du cabinet sans
pouvoir la franchir, il semblait
que ma conscience m'opposât
une barrière insurmontable ; mais
on parvient toujours à imposer
silence à cette piaillarde , et si l'on
manque de raisons, on a recours
aux sophismes. « Bah ! me dis-je,
après tout, ce ne sera qu'un à
compte sur mon héritage, car,
puisque je suis fils unique, tout
cela m'appartiendra quelque jour:
ce n'est donc qu'une jouissance
anticipée de mes biens; ce n'est
pas, ce ne peut pas être un vol ».
Et en parlant ainsi, j'ouvre le secrétaire; j'en tire quatre rouleaux de
cinquante louis chacun , et je me
retire aussi content de moi que

si j'avais fait une bonne action.

Le lendemain matin, je ne manque pas de me rendre au café; je compte vingt-cinq louis à François, il les empoche tranquillement, prend sa canne, son chapeau, ei se dispose à sortir. « Où allez-vous donc? lui demandai-je. — Soyez tranquille, je vais reconnaître la place, sonder le terrain, commencer l'attaque; et le siége ne sera pas long. Attendez-moi ici, dans deux heures vous aurez de mes nouvelles. J'attendis avec impatience, et M. François tint parole. Il revint au bout de deux heures; il était rayonnant. « Tout va bien, Monsieur, me dit-il, nos affaires sont en bon train; à minuit, je vous mets dans les bras de Julie, et nous partons en poste pour la capitale. — M. François, voudrait-il s'expliquer un peu plus clairement, et me donner le mot de l'énigme? — C'est vous qui l'avez donné au contraire; l'or, l'or, voilà la clef de toutes les portes, le nerf des grandes opérations, le mot de toutes les énigmes. Newton, disait : Donnez-moi un levier, et un point d'appui, et je souleverai le monde. Moi, je dis : Donnez-moi de l'or, beaucoup d'or, et je bouleverse tout l'univers. Il fallait deux choses à Newton, il ne m'en faut qu'une. Newton était un grand homme, que suis-je donc, moi? Hélas! très-peu de chose, aurais-je pu dire; mais cette réponse eût fâché M. François, et n'eût pas avancé mes affaires; je me tus et je fis bien. — La tourière, continua François, est une excellente femme, qui entend parfaitement les intérêts de la communauté, et les siens particulièrement. Pour vingt-cinq louis elle consent à nous introduire dans le bercail du Seigneur, pour vingt-cinq autres elles nous permettra d'en sortir avec une des brebis. Nous jeterons sur les murs une échelle de cordes, pour faire croire que nous les aurons escaladés; mais nous sortirons tranquillement par la porte: par ce moyen, la tourière sera à l'abri du soupçon, et tout le monde sera content, excepté pourtant la supérieure, qui compte sur la dot de Julie, et madame Blondo, qui croit faire une sainte de sa chère fille. Ne trouvez-vous pas ce projet admirablement conçu?—Admirablement, M. François, c'est le mot.

En attendant l'heure convenue, je regagnai la maison paternelle, et pour la première fois, je cher-chai à éviter M. Latour. Les deux cents louis dont je m'étais em-paré pesaient horriblement sur ma conscience; j'avais beau lui imposer silence, elle me répétait sans cesse que j'étais coupable. Il me sem-blait entendre mon père me re-procher mon ingratitude; je le voyais à son secrétaire, compter son or, et m'accuser d'une bas-sesse dont je me sentais à la vérité coupable, car les raisons que le

diable avait employé à me persuader qu'il n'y avait pas de mal
à voler son père me paraissaient
alors pitoyables ; je m'étonnais d'a-
voir pu m'étourdir un seul instant
sur l'énormité de ma faute. Vingt
fois je fus prêt à m'aller jeter aux
pieds du docteur, à lui avouer
tout, et à solliciter mon pardon ;
mais je réfléchissais aussitôt qu'en
agissant ainsi, je perdais Julie sans
retour. L'amour fut encore une
fois le plus fort, parce que cela
devait être, et que cela sera toujours.

CHAPITRE V.

Mon voisin pénètre une seconde fois
dans le couvent. — Scène nocturne.
— Julie est enlevée.

Il est près de minuit, j'arrive au
rendez-vous, où François m'attendait en vidant quelques verres de
rhum. — Ça, Monsieur, me dit-il,
je pars avec vous, cela est convenu;
mais il est bon de s'entendre. Vous
avez besoin d'un valet, je vous
servirai, et en cette qualité.....
— En cette qualité, interrompis-je,
je vous donne vingt-cinq louis de
gages, et je paie le premier sé-
mestre d'avance. — Je n'ai rien à

répondre àcela , Monsieur, et vous
pouvez compter sur un dévouement
sans bornes. Cela dit, nous nous ren-
dîmes près du couvent : au bout
de quelques minutes , les matines ,
sonnèrent. « — Voilà le signal, dit
François, approchons ». La porte
s'ouvre, une femme me remet une
lanterne sourde , me recommande
d'être prudent, et nous laisse au
milieu de la cour. Je m'oriente ;
la nuit n'était pas fort obsure , je
reconnus les différens endroits par
lesquels j'avais passé lors de ma
première apparition aux carmélites, et en peu de temps je parvins à la cellule de Julie. La porte
en était fermée; mais François s'é-
tait muni de quelques crochets au
moyen desquels il fit jouer la ser-

rure. Nous y entrons tous les deux,
persuadés qu'après l'office Julie
paraîtrait, et ne balancerait pas à
nous suivre.

Cependant l'heure passe, et personne ne vient : le bruit des portes
nous apprend que les chastes sœurs
sont rentrées chez elles ; Julie est
la seule qui n'ait pas encore regagné
sa couchette. — Que signifie cela ?
demandai-je à François. — Rien
de bon, Monsieur. — Cette tourière nous aurait-elle trahis ? — Si
je croyais cela, je lui couperais les
oreilles. — Cela ne nous avance-
rait pas. — Quel est donc votre
avis ? — Je pense que nous ne ris-
quons rien d'attendre jusqu'au petit
jour. — Je le veux bien, Monsieur ;
à la guerre comme à la guerre,

2.

puisqu'il faut attendre, autant le faire couché que debout, et je vous conseille de m'imiter. A ces mots François s'étendit tranquillement sur le lit, et comme je n'étais pas disposé à dormir, je restai sur ma chaise.

Cependant le jour commença à poindre, et personne ne parut. Je réveillai François, pour délibérer de nouveau. — Monsieur, me dit-il, je pense qu'une religieuse doit être toujours disposée à obliger un joli garçon, et j'ai oui dire que les carmélites particulièrement avaient le cœur tendre ; partant j'ai envie de confier nos peines à l'une d'elles. — Fort bien ; mais si elle prend la confidence en mauvaise part, si elle jette l'alarme ? — Dans ce

cas ; qui n'est que le pis aller,
nous ferons une retraite honorable : ainsi laissez-moi faire, je
me charge de tout ». A ces mots
messire François sort de notre
retraite, et va frapper doucement
à la porte voisine. — Qui est là ?
— Ouvrez ma sœur. Et la sœur
ouvrit. Le jour étant trop faible
pour pouvoir distinguer parfaitement les objets, la religieuse, qui
croyait recevoir une de ses sœurs,
ne fut point effrayée. François eut
soin de refermer la porte, après
quoi il commença un discours très-
pathétique dont voici le résumé.
Il était fort amoureux de sœur
Sainte-Julie, qui le payait d'un
sincère retour ; il s'était introduit
dans le monastère pour enlever

sa maîtresse , et s'il échouait dans sa noble entreprise, il était décidé à se brûler la cervelle. Dès que sœur Sainte-Cécile sut qu'elle avait un homme dans sa cellule , elle fit une demi douzaine de signes de croix , et passa une robe à la hâte. Cependant, comme c'était une excellente fille qui *connaissait le monde,* qui avait aimé les hommes, et qui les aimait peut-être encore, elle eût été bien fachée qu'un beau garçon se brûlât la cervelle , et elle dit à François que Dieu ne permettait pas qu'on disposât d'une vie qu'il ne faisait que nous prêter ; que quand à sœur Sainte-Julie , elle croyait presque impossible de l'enlever , à moins que ce ne fût pendant la nuit, attendu qu'on la tenait en-

fermée à cause de sa conduite de
la veille, et qu'elle ne sortait de
sa prison que pour aller au chœur.
— Cela étant, reprit François, je
passerai la journée dans sa cellule ;
mais il y a près de vingt-quatre
heures que je n'ai rien pris, et s'il
me faut encore passer cette journée
à jeun, j'ai peur que les forces ne
me manquent au moment de l'exécution, et, je vous le répète, je ne
survivrai pas à cela.

J'ai dit que sœur Sainte-Cécile
était très-compatissante : elle ouvrit
une petite armoire, en tira un pot
de confitures, quelques biscuits,
une bouteille de Malaga, et elle
offrit tout cela à monsieur François,
qui accepta de la meilleure grâce du
monde, et qui eut même le front

de baiser la charmante main qui lui présentait ces comestibles...... L'impudent !... le maraud !... notez que, tandis qu'il trompait ainsi cette bonne sœur, et qu'il se réconfortait l'estomac aux dépens de son vin d'Espagne, je l'attendais avec la plus vive anxiété. Enfin il revint. « Monsieur, me dit-il, il faut passer la journée ici ». Alors il me raconta ce qu'il avait appris de sœur Sainte-Cécile, mais il se garda bien de me dire un mot des biscuits et du Malaga. « Mais, mon cher François, cela est impossible. Passer la journée ici, sans vivres ? — Oh ! ma foi, Monsieur, je n'ai jamais vu d'amoureux comme vous. Est-ce que l'amour ne tient pas lieu de tout ?.....

Un amant qui pense au dîner en sortant du lit ! ah ! pour le coup, cela est trop fort. Morbleu! moi, qui ne suis pas amoureux, je me sens capable de passer ici deux jours sans rien prendre ; mon zèle pour vous servir me tient lieu de la meilleure cuisine ». Je remerciai François de son dévouement , car j'étais loin de penser que le Malaga opérait. Je me résignai à passer la journée sans manger et je me mis à réfléchir , ce qui ne garnit pas du tout l'estomac; mais quand on ne peut faire mieux , il faut bien s'en contenter. François se jeta de nouveau sur le lit : sur l'après-midi j'en fis autant pour calmer mon appétit, dont, quoi qu'on en dise, l'amour ne me garantissait pas. Enfin la nuit vint ; les matines sonnèrent, Julie devait être à l'église ; c'était l'instant d'agir, et nous agîmes.

Vous savez que M. François est un homme intelligent , ou qui du moins se donne pour tel , ce qui est bien différent, mais qui n'en est pas moins très-commun. Tel homme se donne pour un savant et n'est qu'un sot, tel autre pour un Esculape , et n'est qu'un charlatan. On lit : *café* sur la boutique d'un cabaretier , une gargote est un *restaurant* , et le dernier barbier un *coîffeur*..... Qu'on doute maintenant du progrès des lumières !.... A propos de lumières ! je vous disait donc qu'il faisait nuit au couvent , et que nous nous disposions

à tenter un coup de main pour
empêcher le Seigneur d'épouser
ma maîtresse. Observons , en passant, qu'il n'était pas très-honorable
pour un Dieu d'aller ainsi sur les
brisées d'un mortel , et venons
à ma conversation avec François.

« Comment allons-nous nous
y prendre , Monsieur ? — Je
pense , mon cher François , que
nous n'avons tout simplement
qu'à nous montrer à l'église ; notre
apparition effraiera les nones , dans
le désordre, il nous sera facile de
nous emparer de Julie , et la
tourière , qui attend ses vingt-cinq
louis, protégera la retraite. — Ah!
c'est-à-dire, Monsieur, que vous
croyez deux jolis garçons capables

d'effrayer des femmes seulement en se montrant ?.... Ce que c'est que d'être jeune ! mais pensez donc , mon cher maître , que la plupart de ces religieuses *en' ont bien vu d'autres* , et qu'un bel homme ne ferait jamais rompre une demi-semelle à une carmélite. — Cela étant , monsieur François , quel est votre avis? Là-dessus François réfléchit deux minutes , après quoi il me dit : « Mettez-vous à califourchon sur mes épaules....... bien , c'est cela. Maintenant , prenez ce drap , passez-le sur votre tête...... Fort bien ; marchons à l'ennemi , et je réponds de la victoire. L'idée était bizarre ; mais elle n'était pas mauvaise, un fantôme de cette taille était capable d'épouvanter des gens plus aguerris que des carmélites. Nous voilà à la porte de l'église, et à peine sommes-nous entrés que des cris épouvantables se font entendre de tous côtés : les unes fuient, les autres se jettent la face contre terre; c'est un bruit, une rumeur capable d'étourdir les saints de toutes les niches, s'ils n'eussent été de pierre. Au milieu du tumulte, ma Julie est la seule qui ne paraisse pas effrayée....... Ah ! je vois ce que c'est ; Cécile lui aura dit deux mots. Je descends de dessus les épaules de François, je prends Julie dans mes bras; la tourière, qui tient à son second rouleau, nous attend, la porte s'ouvre, nous voilà dans la rue.

CHAPITRE VI.

*Mon voisin tranche du grand
seigneur.*

Julie est dans mes bras, je la
presse sur mon cœur, sur ce cœur
qu'elle remplit tout entier. Ce n'est
plus un Céladon timide qui n'ose
dire : *Je vous aime*, c'est un amant
passionné qui jure de vivre et mourir pour sa maîtresse... Ce que c'est
que l'expérience ! Ah ! c'est que les
deux nuits passées dans les bras
d'Angéline se représentaient à mon
imagination embrasée, c'est que je
brûlais de répéter avec ma Julie ces
scènes délicieuses. « C'est fort bien

d'être sortis du couvent, dit François; mais les chevaux et la chaise qui nous attendaient il y a vingt-quatre heures ne nous attendent probablement plus; des gens qui vont demander des chevaux de poste au milieu de la nuit éveillent des soupçons, et nous ne pouvons rester dans la rue jusqu'au jour. — Cela est vrai. François, qu'allons-nous faire? — Qu'allons-nous faire? Ah! mon cher maître, que vous êtes heureux de posséder un homme comme moi, un homme accoutumé à lever toutes les difficultés... — Parbleu! faquin, je ne vous donne pas vingt-cinq louis pour ne rien faire. — Au moins, convenez que je les gagne bien. — C'est ce que la suite m'apprendra. Il s'agit, pour le moment, de savoir où nous passerons le reste de la nuit. — Si vous m'en croyez, Monsieur, nous irons frapper à la porte de madame Lacroix, la maîtresse de ce café où votre bonne étoile vous a conduit pour me rencontrer. Elle est très-obligeante. de son naturel, madame Lacroix; elle se fera un grand plaisir de nous recevoir. Une nuit est bientôt passée, sur-tout près de l'objet aimé, et demain matin nous partons en poste pour Paris. Je trouvai la proposition de François assez sage. Julie me dit qu'elle mettait toute sa confiance dans mon amour, et qu'elle était décidée à me suivre jusqu'au bout de l'univers. Madame Lacroix, que nous fîmes lever, nous reçut fort bien, parce qu'elle était charmée de pouvoir apprendre notre histoire de première main, et que cela lui donnait tout le temps de retrancher ou d'ajouter ce que bon lui semblerait avant d'en gratifier ses abonnés. Cependant elle nous dit qu'elle n'avait qu'un lit à nous offrir. « Au point où vous êtes, me dit François, il n'en faut pas davantage ». A ces mots, Julie se cacha la figure dans mon sein, et y répandit un torrent de larmes. « François, m'écriai-je, vous êtes un impertinent. Soyez désormais plus circonspect, ou je me passerai de vos services ». François, qui tenait beaucoup aux vingt-cinq louis de gages, m'accabla d'excuses, et promit de se corriger d'une familiarité qui com-

mençait à me déplaire furieusement, et à laquelle j'étais décidé à
mettre des bornes. Julie passa le
reste de la nuit dans le lit qu'offrait
la limonadière, je. m'étendis sur
une des banquettes du café, François en fit autant, et, dès que le
jour parut, nous partîmes en poste
pour le séjour de l'opulence et de
la misère, des talens et de l'ignorance ; où l'on trouve l'innocence
à côté du vice le plus effréné ; où
un fripon est le commensal d'un
palais, et un honnête homme ha-
bite une mansarde ; où on prend
un ignorant pour un savant, un
fanfaron pour un brave, un spa-
dassin pour un homme d'honneur,
et les femmes pour ce qu'elles sont ;
enfin, nous voilà à Paris,

Je n'ai plus que cent cinquante
louis ; mais François assure que ,
dans un mois, madame Blondo se
trouverait fort heureuse de me
prendre pour gendre, et François,
qui avait beaucoup d'expérience,
ne pouvait se tromper. Or, avec
cent cinquante louis, on peut passer un mois fort agréablement, et
qu'ai-je de mieux à faire que de
procurer du plaisir à ma Julie ?
D'après ce beau raisonnement, je
prends un appartement de 500 fr.
par mois, et il paraît tout clair à
mon hôte, qu'un homme, qui peut
dépenser six mille francs par an
pour son loyer, doit avoir au moins
deux domestiques, et une femme
de chambre pour madame, et, de
son autorité privée, il nous pré-

s,ente deux sujets de son choix, et de la moralité desquels il répond.

Quand on a tranché du grand seigneur, il est dur de redescendre, et de désabuser les gens qui ont si bonne opinion de nous; d'ailleurs, mon loyer payé, il me reste encore plus de mille écus : on ne paie ses domestiques qu'au bout de l'année, et dans un mois je dois jouir d'une fortune assez considérable, puisque Julie est fille unique, et que le docteur n'a plus d'autre héritier que moi; ainsi, voilà qui est décidé, j'aurai deux domestiques et une femme de chambre. Le *Frontin* et la *Marton* que mon hôte s'était donné la peine de me choisir trouvèrent tout simple qu'un homme qui, d'après les apparences,

avait au moins trente mille francs
de rente, ils trouvèrent tout simple,
dis-je, qu'un homme aussi riche
payât les choses le double de leur
valeur; en conséquence, ils gros-
sirent leurs mémoires chacun de
son côté, et trouvèrent moyen de
faire cadrer cela avec leur moralité, que mon hôte m'avait vantée
si fort. François m'observa qu'on ne
pouvait promener une jolie femme
à pied dans les rues crottées de
Paris, et qu'un fiacre ne donnait aucune espèce de considération dans
un pays où *l'habit fait le moine.*
Il fut donc convenu que j'aurais
un remise, qui ne me coûterait
qu'un louis par jour. Ce n'était pas
payer trop cher le plaisir d'en-

tendre dire, *la voiture et le cocher de monsieur*.

Le résultat de tout cela fut qu'au bout de huit jours Julie couronna mon amour, et qu'au bout de quinze ma bourse fut vide. Quand on a fait le grand seigneur pendant quinze jours, il est bien dur, ainsi que je l'ai dit, de renoncer à cet innocent plaisir; cependant je sentais la nécessité de réduire ma dépense. Je résolus de consulter François et de m'en tenir à son avis. M. François, qui ne doutait de rien, assura que lorsqu'on menait un si grand train on trouvait plus facilement à emprunter cent louis, qu'un honnête et modeste bourgeois ne trouverait à emprunter cent sous, et il me conseilla d'emprunter cent louis à mon hôte. Ce dernier me fit observer fort judicieusement que je n'étais pas majeur, et qu'il faudrait être fou à lier pour prêter autant d'argent à un homme qui n'offre aucune responsabilité. Dans cette fâcheuse circonstance, je pensai au bon M. Rigaud, et je fus un instant tenté de l'aller trouver ; mais celui qui a fait une mauvaise action ne saurait supporter les regards de l'homme de bien. Il semblait que ma conscience m'eût marqué au front du sceau de la réprobation, et je ne me sentis pas le courage de me présenter chez les honnêtes rentiers de l'île Saint-Louis. François, me dis-je, prétend que lorsque

j'aurai passé un mois avec la fille
de madame Blondo, cette dernière
ne fera pas la moindre difficulté
pour consentir à notre union; mais
il me semble que les raisons qui
existeront à cette époque existent
déja, ainsi il est inutile d'attendre
davantage, je retourne à Cherbourg, et je me marie. Une réflexion en amène une autre : je
pensai dans ce moment à la lettre
que mon père m'avait donnée pour
son banquier, il y avait dix mois,
et dans laquelle il lui enjoignait
de me remettre l'argent dont j'aurais
besoin. Cette lettre, dont je n'avais
pas fait usage, était restée dans
mon portefeuille; il ne s'agissait,
pour me tirer d'embarras, que de
changer la date. Un homme qui a

volé cinq mille francs à son père
ne balance pas pour lui en voler
dix ; je substituai très-adroitement
le dix novembre au dix mars , et
me présentai avec assurance chez
M. Vignol. L'ordre de mon père
était formel ; je dis au banquier
que le docteur m'envoyait suivre
un procès qu'il avait à Paris , et
le priai de me compter mille écus
dont javais besoin pour disposer
favorablement les juges. Je touchai
la somme , et je revins à l'hôtel ,
décidé à attendre le mois avant de
quitter Paris. L'argent m'avait fait
changer de manière de voir , et je
ne suis pas le seul sur qui il produit
cet effet.

En approchant de l'hôtel , j'a-
perçus François qui causait avec

un officier. Aussitôt qu'il me vit, ce dernier se retira, et François me dit que c'était un cadet de Bretagne qu'il avait servi autrefois, et qu'il avait reconnu en passant. Plein de la joie que je ressentais de posséder mille écus, je me souciais fort peu de tous les cadets de la France, et j'étais bien loin de prévoir que ce prétendu Breton... Mais, cher Lecteur, je vous en dirai deux mots dans le chapitre suivant.

CHAPITRE VII.

Le comte de Saint-Julien reparaît sur la scène. — Moyen qu'il emploie pour s'emparer de Julie. — Duel.

En réjouissance de la docilité du banquier de mon père, j'envoyai François nous retenir une loge à l'Opéra : spectacle charmant, qui coûte fort cher, mais où on a l'avantage de s'ennuyer en bonne compagnie; où la musique étourdit, mais où on a la satisfaction de ne pas entendre le poëme. Je ne sais pas trop ce que M. Azaïs dirait de ces compensations-là.

2.

Nous allâmes donc à l'Opéra. Il y avait foule, ce qui prouvait le bon goût du public, car il est incontestable que le public n'admire que les chefs-d'œuvre ; témoin la *Fille de l'Exilé*, qui n'a pas le sens commun, et qui fit courir tout Paris ; et les mimodrames de messieurs Franconi, que personne ne comprend, mais que tout le monde veut voir.

Pendant un entr'acte, un homme se fait ouvrir la loge que nous occupions, et me prie de lui donner un moment d'audience, ajoutant qu'il a un avis de la plus grande importance à me donner : ces dernières paroles me firent trembler ; je

pensai que nous étions décou-
verts, je m'attendais à voir pa-
raître le docteur furieux et m'ac-
cablant de malédictions. Cependant, comme l'incertitude est plus
cruelle que le mal même, je
suivis l'inconnu qui me parlait.
Parvenus à la porte extérieure,
il m'entraîne au milieu de la
rue; aussitôt, un commissaire et
quatre exempts se présentent,
m'entourent, et le premier, en me
mettant la main sur le collet, prononce ces mots terribles : *De par
le roi;* cela signifiait alors que
le roi, qui n'avait peut-être jamais entendu parler de moi, disposait de ma liberté. Je ne dou-
tai plus que mon père m'eût enfin
découvert, et qu'ayant de puis-

santes protections à la cour il n'eût facilement obtenu une lettre de cachet. Je demandai à prendre connaissance de cette lettre ; mais monsieur le commissaire me dit qu'on m'en ferait la lecture quand je serais arrivé à ma destination. Je demandai qu'on fît venir Julie, afin que je lui apprisse mon malheur ; on me répondit qu'on aurait soin de l'en informer, et que d'ailleurs on avait aussi des ordres relativement à ma maîtresse. Cela acheva de me persuader que le docteur et madame Blondo avaient agi de concert, ce qui m'affecta plus sensiblement que la perte de ma liberté ; car il me paraissait clair que, si on avait eu l'intention de nous marier,

on ne m'eût pas fait conduire en prison. Cependant il fallait obéir ; je
fis avancer ma voiture, le commissaire et les exempts y montèrent
avec moi, et nous partîmes.

Je m'attendais à être conduit
au Fort-l'Evêque, où on se rappelle que j'avais déjà fait un séjour
un peu long : il fallait au plus dix
minutes pour y arriver ; mais je
ne fus pas médiocrement surpris,
lorsqu'au bout d'un quart-d'heure,
je m'aperçus que nous sortions
de Paris. Je demande où l'on me
conduit, et monsieur le commissaire, ne jugeant pas à propos de
répondre à ma question, m'invite à
ne lui en plus faire. La voiture
continuait à rouler et roula ainsi
pendant une heure. Alors mon-

·sieur le commissaire tire le cordon et ordonne d'arrêter. Ma surprise allait croissant, car je remarquai que nous étions au milieu des champs. On m'invite à descendre. Je n'eus pas sitôt mis pied à terre que les exempts se jettent sur moi, l'un d'eux me met un mouchoir sur la bouche, l'autre m'attache les mains derrière le dos; je me défends comme un lion; mais que peut un homme contre cinq? surtout quand il est attaqué à l'improviste. Les uns me prennent les pieds, les autres la tête; on me porte au pied d'un arbre, on m'y attache fortement, et alors le prétendu commissaire me dit : « Mon « cher ami, vous m'avez soufflé « ma maîtresse, j'use de repré-

« saille, et vous apprends qu'un
« petit bourgeois comme vous a
« tort de s'attaquer à des hommes
« de mérite et d'une naissance aus-
« si illustre que le comte de Saint-
« Julien ».

A ces mots je faillis suffoquer de
rage ; car ne pouvant faire usage
de mes membres ni de ma langue,
ma fureur ne pouvait s'exhaler. Cependant le comte, et les exempts
de sa fabrique remontèrent tranquillement dans mon remise et
disparurent.

Lorsque les membres ne peuvent
rien faire, l'imagination travaille.
Je me rappelai ce prétendu cadet
de Bretagne avec qui j'avais vu
François dans la matinée; il me
parut très-clair que le cadet n'était

autre que le comte, et que monsieur François était un pendard qui, ne me sentant plus d'argent, s'était entendu avec Saint-Julien.

Les nuits ne sont pas chaudes au mois de novembre. Lorsque le jour parut, j'étais à demi-mort de froid : je regardai autour de moi, j'étais fort éloigné du grand chemin, et quand j'en eusse été plus proche, il m'eût été impossible de me faire entendre. Il fallait donc attendre que quelque paysan vînt travailler de ce côté. Pour comble d'infortune, il plut une grande partie de la journée, personne ne parut, et je courais grand risque de mourir de faim et de froid.

Sur la fin de la journée, le désespoir doubla mes forces, et je parvins enfin à dégager mes bras. J'avais un canif sur moi, je m'en servis pour couper les cordes qui retenaient mes jambes, et me trouvai entièrement dégagé.

J'arrive à Paris, accablé de fatigue, mourant de faim, et presque gelé. Je me rends à l'hôtel; mon hôte recule à mon aspect, et semble douter de ce qu'il voit : quand il fut bien sûr que ce n'était pas un songe, il m'apprit que la veille au soir il avait reçu une lettre qui lui annonçait mon arrestation, et qu'il me croyait au Fort-l'Evêque. Je monte à mon appartement... Tous mes effets avaient disparu; et mon bon hôte me dit encore que mon domestique et la femme de chambre de madame,

n'espérant plus me revoir, s'en
étaient emparés pour se payer de
leurs gages. Tout cela ne m'affecta
pas sensiblement, la perte de Julie
était tout ce qui m'affligeait, j'igno-
rais le lieu de sa retraite ; mais je
savais en quelles mains elle était,
et cela ne me rassurait pas du tout.
Après un instant de réflexion, je
pensai que le loueur de carrosses à
qui appartenait mon remise pourrait me donner quelques renseignemens : je vole chez lui, et j'apprends que, sur les six heures du
matin, un commissionnaire lui a ra-
mené sa voiture et ses chevaux,
mais que le cocher n'a pas reparu.
Il n'y a pas de doute, me dis-je,
François et le cocher étaient vendus
au comte. Voyons à la poste.

Là j'apprends qu'une jeune dame accompagnée de son père, de son frère et d'un domestique avaient pris la poste au point du jour, et se dirigeaient vers la Picardie. Il est certain que mon coquin de cocher fait le père, que le comte est le frère prétendu, et François le valet. Il est encore certain qu'ils ont pris la route de Calais, et qu'ils ont l'intention de passer en Angleterre; mais comment se fait-il que Julie se prête à toutes les menées de ces scélérats? car enfin, si elle avait été enlevée de force, si elle s'était défendue, le public, et le public parisien sur-tout, se serait arrêté autour de la voiture; l'autorité s'en serait mêlée et les desseins du perfide eussent été déjoués.

Il y avait là-dedans quelque chose
que je ne pouvais expliquér ; mais
je pensai que les instants étaient
précieux, qu'au lieu de passer le
temps en vaines conjectures, je
ferais beaucoup mieux de courir
sur les traces de mon Lovelace. Je
prends une voiture de place, je me
rends chez M. Vignol, auquel je
demande six mille francs. L'adver-
saire de mon père, lui dis-je, avait fait
des présens considérables aux juges ;
la cause devait être appelée le lendemain, je n'avais pas un instant
à perdre. L'honnête banquier,
croyant fermement servir les intérêts de mon père, me compte les
deux mille écus. Me voilà sur les
traces des ravisseurs. A chaque
poste je prends des renseignemens,

et par-tout j'apprends qu'un père et ses enfans, accompagnés d'un valet, font route pour Calais; mais j'apprends en même-temps qu'ils ont au moins douze heures d'avance sur moi. Cela n'était pas rassurant du tout. Je fais pleuvoir l'or, je crève les chevaux ; mais je gagne du terrain, et arrivé à Amiens, j'apprends qu'ils n'ont plus que six heures d'avance. Pour peu qu'ils prennent de repos, je les atteindrai avant qu'ils s'embarquent. Enfin, j'arrive à Calais deux heures après eux. Je me fais conduire dans les principales auberges; je demande, personne ne sait ce que je veux dire. Il ne me reste plus qu'une auberge à visiter, c'est celle de madame Robert, grosse

maman de bonne mine, le véritable pendant de madame Lacroix,
qui eût plutôt fabriqué des nouvelles que de renoncer au doux
plaisir d'en débiter. On pense que
je n'eus pas beaucoup de peine
à faire parler une femme de ce
caractère-là. Au bout de dix minutes d'entretien, je savais qu'ef-
fectivement elle avait chez elle une
jeune personne charmante à laquelle un amour malheureux avait
fait fait perdre la raison, et que son
père se proposait de la conduire à
Bedlam (1) où on espérait la gué-
rir, etc.

Enfin, quand la bonne dame eut

_____

(1) Maison de fous célèbre, en Angleterre.

repris haleine, je la priai de me
conduire à l'appartement du frère
de cette jeune dame qui avait perdu
la raison. « C'est impossible, Monsieur, y a tout au plus une heure
qu'il repose. — Soyez tranquille,
ma bonne, je lui ménage un lit de
repos dont il ne se plaindra pas.
— Au moins, Monsieur, vous
êtes sûr qu'il ne se fâchera pas ?
— Je m'en charge. — A la bonne
heure. Jeannette, conduisez Monsieur au n° 2 ». Jeannette obéit.
J'entre dans la chambre où reposait
le comte : la soif de la vengeance
me consumait, la fureur mettait mes
nerfs en contraction.... J'approche
du lit, j'en tire la couverture avec
violence ; Saint-Julien ouvre les
yeux, me regarde, et semble pé-

trifié. — « Lâche ! m'écriai-je ;
s'il te reste encore quelques souvenirs de l'honneur, suis-moi; si
tu refuses, je te fais sauter la cervelle. » En parlant ainsi, j'avais
tiré de dessous mon manteau une
paire de pistolets. Le comte ne
répondit rien : la rage était peinte
sur son visage, son corps était
agité de mouvemens convulsifs;
il se leva, s'habilla, et me suivit:
nous sortîmes de la ville. Lorsque
nous en fûmes convenablement
éloignés, Saint-Julien mit l'épée à
la main. — « Il me faut une vengeance plus prompte, lui dis-je,
choisissez un de ces pistolets, il y
a deux balles dans chacun; prenez
le bout de ce mouchoir et tirez.......
Les deux coups partent en même-

temps........ Je suis debout, Saint-Julien tombe baigné dans son sang.

Après cet exploit, je revins chez madame Robert ; François et mon cocher étaient disparus. Pour ne plus revenir sur l'histoire de ces fripons, je dirai que j'appris, par la suite, qu'ils avaient réuni leurs talens, et avaient fait de nombreuses dupes ; mais, par malheur, la justice vint à se mêler de leurs affaires, et les envoya faire usage de leur *expérience* sur les galères de sa majesté très-chrétienne.

Julie ignorait encore tout ce qui s'était passé. Dès qu'elle m'aperçut, elle se jeta dans mes bras, et versa un torrent de larmes ; elle était trop émue pour me donner l'explication que je désirais ; mais comme je ne pouvais séjourner plus long-temps à Calais sans m'exposer aux poursuites que la mort du comte provoquerait contre le meurtrier de ce scélérat, ou plutôt contre le vengeur de la société, je pressai ma Julie de se préparer à me suivre , et nous ne tardâmes pas à prendre ensemble la route de Cherbourg. Ma conduite me pesait horiblement sur la conscience : j'étais décidé à tout avouer au docteur , et à déclarer franchement à madame Blondo, qu'au point où j'en étais avec sa fille , elle ne pouvait plus s'opposer à notre union. Nous verrons bientôt comment tout cela s'arrangea.

CHAPITRE VIII.

Julie raconte à mon voisin comment le comte s'y était pris pour la faire consentir à le suivre. Ils arrivent à Cherbourg. Comment ils sont reçus du docteur. Mort de madame Blondo. Désespoir de Julie.

Lorsque nous eûmes perdu de vue les murs de Calais, je priai Julie de m'apprendre de quelle ruse s'était servi le comte pour la décider à le suivre : voici comment la chose s'était passée. « Il y avait une demie-heure que j'avais quitté ma loge pour aller écouter le donneur d'avis, lorsqu'un homme se

présenta. Madame, dit-il à Julie,
M. Alexis vient d'être arrêté, il n'a
eu que le temps de me dire deux
mots de vous. Je suis son ami,
j'espère pouvoir le sauver du lieu
où on l'enfermera; mais si vous
voulez éviter vous - même les
poursuites de votre mère, vous
n'avez pas un instant à perdre :
suivez-moi ».

Julie effrayée suivit l'inconnu,
qui la conduisit chez lui en lui as-
surant qu'elle ne tarderait pas à
avoir de mes nouvelles. Elle passa
la nuit dans la plus mortelle inquiétude; enfin, au point du jour, un
autre individu entra en s'écriant :
Madame, tout va bien; Alexis est
sauvé, il est dans ce moment sur la
route de l'Augleterre; il nous atten-

dra à Douvres, car il espère que
vous ne balancerez pas à le suivre ».
L'air de vérité qui accompagnait
ces paroles en imposa à Julie, et
François et mon cocher, qui parurent dans ce moment, achevè-
rent de la persuader. « Afin de
ne point éveiller les soupçons, dit
encore mon ami prétendu, je passerai pour votre frère ; cet homme,
en parlant du cocher, sera votre
père, François nous suivra aussi ».
Julie consentit à tout, et l'on partit. Ce ne fut qu'à quelques lieues
au-delà d'Amiens, que le frère prétendu, tirant quelques papiers de
sa poche, en laissa tomber une
lettre dans la voiture, Julie la ra-
massa, et lut sur la suscription :
Au comte de Saint-Julien. D'après

ce qu'elle m'avait entendu dire de cet homme, elle n'ignorait pas qu'il était mon plus mortel ennemi; elle reprocha au comte son infàme conduite et le menaça d'avoir recours à l'autorité. C'était cette menace qui avait donné l'idée à Saint-Julien de la faire passer pour folle, et en dépit de ses cris il fût infailliblement parvenu à lui faire passer le détroit si je n'étais arrivé assez à temps pour l'en empêcher. Rien ne saurait égaler la joie que je ressentis de retrouver ma Julie digne de mon amour. Plein de confiance dans la bonté de mon père, il me semblait impossible que madame Blondo résistât à des argumens toujours très-forts, particulièrement lorsqu'on

les emploie contre la vieillesse, je
veux dire la fortune; car on n'a
pas oublié que mon père était très-
riche, et je ne sais si j'ai dit que la
mère de ma maîtresse ne jouissait
que d'une très-médiocre fortune.
Ce fut donc le cœur ouvert à la
plus douce espérance que nous
arrivâmes à Cherbourg. Je vole
chez le docteur : Julie et moi nous
nous jetâmes à ses pieds, et je
commençai le récit de toutes mes
fautes sans chercher à m'excuser
d'aucune manière. J'étais près de
Julie, et qui, plus que la vue de
cette charmante amie, pouvait
effacer mes torts ? quelles raisons
ont autant de forces que de grands
yeux bleus mouillés de larmes ?
Pour toute réponse, mon père

nous tendit les bras, et nous pressa tour-à-tour sur son cœur : il mêla ses larmes aux nôtres. « Mon Alexis, me dit-il, un homme qui a le courage d'avouer ses fautes est déjà corrigé. Je vais vous conduire chez madame Blondo, et s'il lui reste quelque chose de la tendresse d'une mère, elle ne résistera pas à nos pressantes sollicitations. Nous partîmes sur-le-champ. A notre aspect, la figure de cette femme vindicative pâlit, rougit, devint de toutes les couleurs. « Qu'on chasse ces monstres, s'écria-t-elle, leur vue me fait horreur ! je ne veux rien entendre ». Dans l'espoir de la calmer, Julie se jeta à ses pieds, je l'imitai ; mais loin de calmer cette furie cela ne fit qu'augmenter sa fureur, qui devint si violente que le sang se refoulant vers le cœur, elle expira à nos yeux.

Rien ne saurait égaler le désespoir qui vint s'emparer de Julie ; elle meurtrit son beau visage, se jeta sur le corps inanimé de sa mère, dont tous nos efforts parvinrent à peine à la dégager. nous l'entraînâmes dans une pièce voisine, où le docteur employa tous les secours de son art pour la rappeler à la vie ; car ses forces étant épuisées par la violence de son désespoir, elle était sans sentiment.

Ainsi finit cette mère dénaturée, qui avait causé toutes mes peines, provoqué toutes mes fautes, et dont la mort devait porter le plus terrible coup à mon cœur, comme je me réserve de l'apprendre au Lecteur dans le chapitre suivant.

CHAPITRE IX.

Mon voisin vient habiter Paris. Julie est enlevée de nouveau.

« Ne vous avais-je pas dit, mon cher voisin, que votre histoire ressemblerait à un cimetière? Un mort dans chaque chapitre! Morbleu! Voilà qui s'appelle broyer du noir! courage! je ne désespère pas de voir enterrer l'historien et son secrétaire; toutefois, si vous en venez là, ayez soin de ménager une prompte résurrection, car je vous avoue que je tiens beaucoup à la vie, et que je ne me sens pas plus de dispositions à faire le grand voyage, que vous n'en aviez lorsque votre confesseur vous engageait à l'entreprendre.

Pour toute réponse, mon voisin ouvrit sa tabatière, gratifia son cerveau d'une large prise, et reprit ainsi sa narration.

Julie guérit, quant au physique, mais le moral était trop sensiblement affecté pour prendre promptement le dessus; la santé revint, mais la sérénité semblait à jamais bannie de son beau visage. Cependant rien ne s'opposait plus à notre union; le tuteur qu'on avait choisi à ma maîtresse était l'ami de mon père, et ne désirait rien plus vivement que le bonheur de sa pupille.

Le peu de temps que j'avais passé à l'étude de la médecine, m'avait

pleinement convaincu que cet état
ne s'accorderait jamais avec mon
caractère , et mon père , ne voulant point contraindre mes goûts ,
ne m'en parla plus. Enfin, au bout
d'un an , le flambeau d'hymen brilla
de tout son éclat, et j'eus le bonheur de conduire ma Julie à l'au-
tel. Mais, hélas ! ce bonheur ne
fut qu'un éclair !

Le séjour de Cherbourg ne con-
venait point à mon épouse : chaque
objet lui rappelait quelque souvenir désagréable , et la mort de madame Blondo , dont ma Julie s'accu-
sait sans cesse , me détermina à
venir habiter Paris. J'espérais que
le tumulte d'une grande ville , les
spectacles et tous les plaisirs qu'on
ne goûte que dans cette immense

capitale , parviendraient à cicatri-
ser les plaies de son cœur, et à ré-
tablir tout-à-fait sa santé , qui était
toujours chancelante. Hélas ! j'étais
loin de prévoir le nouveau malheur
qui était prêt à fondre sur moi.

Julie quitta sans regret les lieux
qui l'avaient vu naître, et nous
vînmes nous établir dans la capitale
de l'Europe. J'étais riche , je pouvais me dispenser d'avoir recours
à quelque industrie ; cependant je
ne tardai pas à reconnaître que le
genre de vie le plus insipide était
celui que je menais, et que l'inac-
tion nuisait également au physique
et au moral.

La vie d'un rentier , disent les
artisans, est la plus agréable de
toutes ; et moi je soutiens que les

plus rudes travaux sont préférables
au désœuvrement de ces gens qui
comptent les heures qu'ils passent
sur la terre, qui désirent la nuit
pour déposer dans les bras de Mor-
phée le fardeau insupportable d'une
vie uniforme et monotone, et qui
ne s'éveillent qu'à regret, parce
que le jour ne leur apporte que de
nouveaux ennuis.

Je fis part de ces réflexions à
monsieur et madame Rigaud, avec
lesquels j'étais plus intimement lié
que jamais, et dont la société plaisait infiniment à ma Julie.

Je priai ce vieil ami de mon père
de m'aider de ses conseils pour
me choisir un genre d'occupation.
M. Rigaud, ainsi que je devais
m'y attendre, me vanta beaucoup

le commerce : Est-il rien d'aussi
beau, d'aussi utile., d'aussi intéressant que le commerce, me dit-il ;
il rapproche toutes les nations de
la terre, il fait vivre le pauvre,
procure des jouissances au riche ;
il est l'âme, la vie d'un état ; sans
commerce, point de vertu, point
de gouvernement, point de civili-
sation ; enfin sans le commerce
l'univers serait l'image du chaos, et
la fin du monde...—C'était là où je
vous attendais, s'écria madame
Rigaud, qui se tenait les côtés à
force de rire, car je pensais bien
que la fin du monde vous arrête-
rait tout court. Voyez un peu s'il
est possible de porter plus loin
l'exagération ? Je vous accorde que
le commerce est nécessaire, indis-

pensable même ; aussi voyons-nous,
dans les siècles de barbarie , les
peuplades se réunir à certaine
époque pour faire des échanges ;
mais je vous demande ce que cette
dissertation , l'univers , le chaos et
la fin du monde ont de commun
avec les conseils que réclame notre
ami Latour sur le choix d'un état.
—C'est-à-dire , madame Rigaud ,
reprit le vieux marchand , que le
commerce ne vous semble pas être
la plus belle profession du monde?
et que votre avis n'est pas que
notre jeune ami se livre à des occupations qui , en lui faisant passer
une jeunesse agréable , doubleront
sa fortune , et lui procureront ,
dans un âge plus avancé , la jouissance de faire du bien. Vous pen-

sez, sans doute, qu'il est plus raisonnable d'aller s'enterrer dans les bureaux d'un ministére, pour être en butte aux vexations de ces petits tyrans subalternes. Vous croyez plus honorable de ramper devant un ministre, que d'être en relations avec les plus riches négocians du monde.

Madame Rigaud branla la tête; mais, n'ayant pas de bonnes raisons à opposer à son mari, elle se tut; bien différente, en cela, à la plupart des femmes dont le babil croît à mesure que la raison leur manque.

Hola! mon cher voisin, m'écriai-je en interrompant M. Latour, savez-vous bien que ce que vous dites là n'est pas du tout galant, et que si votre histoire voit le jour, vous

vous ferez quelque mauvaise affaire
avec le beau sexe? « Ah! mon
jeune ami, reprit en souriant mon
héros, il y a long-temps que le
beau sexe n'a plus rien à démêler
avec moi. Revenons au vieux marchand; son raisonnenent, sauf l'exagération, me parut très-bon; je
ne me sentais aucune envie d'aller,
selon son expression, m'enterrer
dans une administration, et de
pâlir sur les registres poudreux
d'une comptabilité insipide. Le
commerce me plaisait beaucoup:
une suite d'occupations variées
était ce qui pouvait le mieux convenir à mon caractère; en conséquence, je priai M. Rigaud de
diriger mes premieres opérations.
Il y consentit avec joie, et voulut

même être intéressé dans mes entreprises, que le plus grand succès couronna.

La santé de Julie paraissait entièrement rétablie, il ne lui restait plus qu'une légère teinte de mélancolie, et on pouvait espérer que le temps lui rendrait son enjouement et sa gaieté naturelle; tout enfin semblait aller au-devant de mes désirs, et bientôt la grossesse de ma femme vint mettre le comble à notre bonheur.

J'attendais avec la plus vive impatience l'heureux moment où je pourrais presser contre mon cœur le fruit de nos amours. Cependant mon commerce prenait chaque jour plus d'extention, et me mettait dans la nécessité de faire quelques voyages dans les diverses provinces de la France. J'occupais , à cause de nos relations , une maison voisine de celle de M. Rigaud. Julie passait, avec ces braves gens, une grande partie du temps que j'étais obligé de m'absenter ; mais cela ne put nous garantir du plus affreux malheur.

Il y avait quelques jours que j'étais à Orléans , où des opérations commerciales me retenaient ; huit jours encore devaient se passer avant que je revinsse à Paris. Certes, je ne crois pas plus aux pressentimens qu'aux explications des songes ; cependant je ne sais quelle crainte soudaine me fit hâter mon retour.

La vue de Paris, loin de calmer

cette espèce d'anxiété, ne fit que l'accroître. Je pensais à Julie, je me reprochais de passer loin d'elle les momens où elle avait plus que jamais besoin des soins et des attentions délicates qu'elle ne pouvait trouver que près de son époux. Au milieu de ces réflexions, j'arrive devant l'habitation de M. Rigaud ; j'entre , je parviens jusqu'à l'appartement de mon veil ami....... Le plus morne silence régnait partout. J'apperçois Dubois; la tristesse était empeinte sur son visage , et, à mon aspect , quelques larmes s'échapèrent des yeux de ce brave homme. — Grands dieux !, m'é-criai-je, que signifie cela ? Serait-il arrivé quelque malheur à mon ami ? — Non, monsieur, me ré-

pondit-il , et il s'éloigna sans pouvoir s'expliquer davantage.....
La plus cruelle inquiétude me dé-
vore....... Je me précipite vers le
salon : j'y trouve mes vieux amis
le visage baigné de larmes. — Au
nom de Dieu , mon ami , expliquez-
moi le sujet d'une si grande affliction.
—Ah! mon cher Alexis, me répondit M. Rigaud en se jetant
dans mes bras, vous apprendrez trop
tôt... —Eh ! ne savez-vous pas que
la crainte du mal est plus terrible
que le mal même? Parlez , parlez ,
je vous en supplie, et permettez à
votre ami de vous offir des consolations.—Malheureux jeune homme !
c'est vous qui allez en avoir besoin... Julie.... Votre épouse...

— Elle est morte ! m'écriai-je ; et je tombai sans mouvement.

Un long évanouissement succéda à cette scène déchirante. Le réveil fut plus terrible encore ; je sentais plus vivement toute l'étendue de mon malheur. Je regardais M. Rigaud, qui était au chevet du lit sur lequel on m'avait déposé, sans oser l'interroger sur les détails d'une mort aussi prompte, et qui m'enlevait tout-à-la fois l'objet et le fruit du plus tendre amour. — Alexis, me dit enfin le bon marchand, Alexis, mon jeune ami, ne vous désespérez pas, vous la retrouverez....... — Oui, oui, nous nous reverrons dans un monde où nous n'aurons rien à redouter des méchans. — Écartez

ces sombres idées, mon ami, je me
suis déjà procuré quelques renseignemens, des agens sûrs sont en
campagne, et on a l'espoir........
— Qu'entends-je? Julie respire !..
— Sans doute. Qui vous a dit qu'elle
n'existait pas ? — Ne vous disais-je
pas que l'incertitude est plus terrible
que le mal? Mais apprenez-moi
donc ce qui est arrivé à ma Julie.
— Depuis deux jours votre épouse
n'était pas venue ici, cela nous
inquiétait ; hier matin j'envoyai
Dubois savoir si quelque indispo-
sition la retenait. Il revint sur-le-
champ, et nous apprit que votre
appartement était fermé, et que, bien
qu'il eût sonné à plusieurs reprises,
on ne lui avait point ouvert. Le portier, auquel il s'était adressé en sor-

tant, lui avait dit que madame Latour
et sa femme de chambre n'étaient
pas rentrées la veille. Cela m'effraya;
nous étions trop intimes pour que
votre épouse pût s'absenter aussi
long-temps sans nous en faire part.
Je me transportai chez le commissaire, qui fit ouvrir vos portes
par un serrurier. Tout était dans
le plus grand ordre; mais ni
votre épouse ni sa femme de
chambre, Lise, n'y étaient. Je
pris des informations; l'épicier,
votre voisin, me dit avoir vu
madame Latour et Lise monter
dans une chaise de poste; elles
étaient accompagnées par un
homme de moyenne taille, en
habit de voyage. Tout cela me
donna de violens soupçons : je

pensai à Saint-Julien ; mais l'é-
picier m'assura que votre épouse
s'était elle-même précipitée dans
la voiture , et qu'il l'avait entendue
promettre une récompense au
postillon pour l'engager à doubler
de vîtesse. Muni de ces renseignemens , je fis partir plusieurs
hommes sûrs pour prendre des
informations sur les différentes
routes. L'un deux est arrivé ce matin, et m'a assuré que la chaise, dont
je lui avait donné le signalement ,
avait pris la route de Lyon.

Je remerciai M. Rigaud de tous
les soins qu'il avait pris ; mais il
s'en fallait de beaucoup que son
récit me tranquillisât. Depuis mon
duel avec Saint-Julien , je n'avais
plus entendu parler de lui , je l'avais

même cru mort ; ce ne fut qu'en ce moment que je pensai qu'il pouvait n'avoir été que légèrement blessé , et que le dernier coup qui venait de me percer le cœur ne partait que de sa main barbare. Cependant, comment se faisait-il que Julie , loin de s'opposer aux ravisseurs, les pressât, elle-même, de doubler de vîtesse. Quoi qu'il en soit, je résolus de courir sur les traces de ma Julie. Dès le même jour je me munis de beaucoup d'or, et partis en poste pour Lyon, où je ne tardai pas à arriver.

CHAPITRE X.

Julie est retrouvée. Dernière catastrophe.

Lyon est la seconde capitale de la France; c'est, ainsi que Paris, une cité immense où le vice trouve facilement un refuge. Cependant mes recherches étaient infructueuses, et la police ne put elle-même me mettre sur les traces des fugitifs. L'âme en proie aux plus cuisans chagrins, le cœur brisé de douleur, je me disposais à franchir les Alpes. Il était possible que le ravisseur eût conduit sa proie sous le beau ciel de l'Italie pour user plus impunément de violence.

Un soir, la veille du jour marqué pour mon départ, j'entre dans un café pour m'y reposer un instant des fatigues de la journée, car je continuais à visiter les lieux les plus fréquentés, dans l'espérance d'y rencontrer enfin l'objet de mes recherches. Deux hommes étaient placés près de moi : il était impossible que je n'entendisse point leur conversation, qui paraissait très-animée, et qui ne tarda pas à m'intéresser vivement.

« Cette expédition vous a-t-elle été lucrative ? disait l'un deux. — Pas en raison du succès, répondit l'autre. A l'amour que paraissait avoir ce jeune seigneur, pour la femme du petit négociant, je comptais sur une brillante récompense ; mais il m'en fallut rabattre de moitié. Il faut convenir que l'exécution a été des plus faciles, et ne m'a pas coûté grands frais de génie. Je me rends dans l'île Saint-Louis, je prends langue : le mari est à Orléans depuis huit jours, la petite femme est seule, car je compte pour rien une femme de chambre de province qui n'a pas la moindre idée de l'intrigue, et capable de gâter le métier de soubrette ; je loue une chaise, et prends des chevaux de poste : je me rends chez elle en habit de voyage. Une lettre, dont je suis porteur, lui apprend que son mari, dangereusement malade, par suite d'une chûte de cheval, la demande à chaque instant, et qu'elle n'a pas un moment à perdre pour se rendre près de lui; aussitôt la jeune crédule monte dans ma chaise et fait pleuvoir l'or pour accélérer la marche. A dix lieues de Paris nous sommes attaqués par deux hommes masqués; le postillon, qui a le mot, s'arrête sans opposer de résistance, la petite marchande, à demi-évanouie, est transportée dans une dormeuse solidement fermée, et le lendemain elle est en la puisssance du jeune comte. Voilà ce qui s'appelle expédier une affaire ».

Pendant cet infernal récit, je fus vingt fois tenté de m'élancer sur ce scélérat; mais j'eus la prudence de me contenir. Au bout de quelques minutes ces deux hommes se retirèrent et se séparèrent. Je sortis en même-temps, et suivis le narrateur. Ce ne pouvait être qu'un valet de Saint-Julien, et il était presque certain qu'il se rendait près de son maître, et j'allais découvrir la retraite de ce monstre. Mon homme entre dans une maison située à quelque distance du café, je le suis de près; alors il me regarde et s'informe de ce que je cherche. — Le comte de Saint-Julien, répondis-je. — Il ne loge pas ici, Monsieur, reprit-il d'un air effrayé, et je n'ai point l'honneur de le connaître. — Je le connais moi, et je saurai bien le trouver ». Alors il s'arrêta et voulut

s'opposer à mon passage. — Si tu
ne me conduis à l'appartement du
comte, dis-je en lui présentant le
bout d'un pistolet, je te fais sauter
la cervelle. Cette menace, ainsi
que je m'y attendais, leva tous les
obstacles. En approchant de l'appartement du comte, des cris frap-
pèrent mon oreille : une voix qui
réclamait des secours fait battre
mon cœur ; je ne pouvais m'y tromper, c'était celle de Julie. La
porte était fermée ; mais la rage
avait doublé mes forces : je m'é-
lance, la serrure cède..... Dieu !
quel tableau !...... Ma Julie éche-
velée, les vêtemens en lambeaux,
se défendait contre l'infâme Saint-
Julien. Ma fureur est à son comble,
je fais feu, et j'étends le comte à

mes pieds. Je prends mon épouse dans mes bras pour l'arracher de ce repaire du crime; mais à peine ai-je fait quelques pas avec ce précieux fardeau, que le comte se relève, et plonge son épée dans le sein de mon épouse. « Tu m'as enlevé deux fois ma maîtresse, tu l'as fait assassiner, me dit-il d'une voix mourante; je suis vengé, je meurs content ». A peine eut-il achevé, que Julie expira dans mes bras. A cet affreux spectacle ma fureur alla jusqu'à la frénésie ; je ramasse le fer sanglant, je le plonge à plusieurs reprises dans le cœur du monstre, et je tombe moi-même évanoui entre le cadavre de Julie et celui de son assassin.

Cependant le coup de feu et les

cris des victimes avaient attiré tous
les commensaux de la maison,
qui, probablement, me secouru-
rent; car, lorsque je repris mes
sens, j'étais dans un appartement qui
m'était tout-à-fait inconnu. Je me
rappelai parfaitement l'affreuse catastrophe qui avait précédé, et qui
était cause de mon évanouissement. J'avais perdu le seul objet
qui me faisait chérir la vie; elle
m'était désormais insupportable,
et une fièvre brûlante, qui vint m'as-
saillir, semblait devoir bientôt me
débarrasser du fardeau d'une vie
qui n'était pour moi qu'une longue
suite d'infortunes.

Cependant une forte constitu-
tion s'opposa à mes vœux les plus
ardens, et ma santé se rétablit peu-

à-peu. Alors j'écrivis à M. Rigaud pour lui apprendre la
perte affreuse que j'avais faite. A
peine ce digne ami eut-il reçu ma
triste épître qu'il prit la poste et
accourut m'apporter des consolations : il me ramena à Paris ; mais
tous ses soins, pour chasser le
noir chagrin de mon âme, furent
inutiles. Revenu de toutes les illu-
sions de la jeunesse, persuadé que
le bonheur n'était qu'une chimère,
j'allais me débarrasser de la vie,
lorsqu'un infortuné se présenta à
moi et me pria de l'aider par quelqu'aumône à supporter la sienne.
Ce fut un trait de lumière : le monde,
me dis-je, est plein de malheureux ; ainsi ma vie n'est pas inutile, puisqu'elle peut servir à dimi-

nuer le nombre des infortunés.
Vivons donc, et sachons nous
contenter du bonheur que nous
procurerons aux autres, puisqu'il
n'y en a plus pour nous.

Ainsi finit mon voisin, cher
Lecteur, et, s'il est très-mauvais
historien, j'espère que vous conviendrez avec moi, que c'est un très-
honnête homme ; cette qualité-là
vaut bien l'autre, et, soit dit sans
vous offenser, est beaucoup plus
rare.

~~~~~~

POST-SCRIPTUM.

Ce petit ouvrage terminé , je confiai mon manuscrit à un homme d'un jugement sain , d'un esprit éclairé et d'une érudition profonde. Il me le rendit bientôt en me disant : Vous eussiez pu mieux employer votre temps. — Que fallait-il donc faire , lui demandai-je ? — Donner à votre ouvrage une couleur politique, fronder les sots , les méchans du siècle , et les institutions absurdes qui subsistent encore en dépit des lumières. — A la bonne heure , Monsieur , mais qui achetera mon manuscrit ? Les libraires ont peur , et peut-être n'est-ce

pas sans raison. Vous connaissez
le *Curé-Capitaine*, petit ouvrage que
je mis au jour il y a quelque temps,
et que le public accueillit assez favorablement. Quelques jours après
son apparition, je me trouvais chez
mon libraire, lorsque plusieurs *honnêtes gens* y entrèrent et marchandè-
rent quelques ouvrages. Le roman
dont je viens de parler, se trouva
sous la main de l'un d'eux. — Monsieur, dit-il au libraire, vous êtes
père de famille, vous passez pour
avoir de bonnes mœurs, et vous
avez osé imprimer un tel ouvrage,
un livre où l'on ose insulter les
Anglais. — Quel Français peut
aimer ces lourds animaux ? répondis-je aussitôt. — Comment Monsieur, ils nous ont rendu nos

princes...... — C'est un service qu'ils nous firent payer cher. — Eh bien! Monsieur, passe pour les injures aux Anglais; mais l'auteur est un athée qui se moque de notre sainte religion. — C'est faux. — Il attaque les prêtres.—C'est possible. —Eh ! les prêtres et la religion, n'est-ce pas tout un?—Oui pour les sots; mais les gens sensés respectent la religion, et méprisent ceux de ses ministres qui sont méprisables. — Le nombre de ces derniers n'est pas grand. — Vous êtes dans l'erreur; l'hypocrisie et le fanatisme comptent parmi nos prêtres de nombreux partisans. La religion, disent-ils, est la fille de la vérité, et la plupart d'entre eux sont les enfans de la fourberie,

— Quel langage !.... Et la foudre ne tombe pas sur cette maison qui retentit de pareils blasphêmes !.....

— La foudre? Elle devrait écraser ceux qui font leur unique occupation de persécuter les gens de bien , ceux qui secouent sans cesse les brandons des la discorde et de la guerre civile ; ces gens enfin, l'opprobre du christianisme, et dont le but est d'anéantir la raison , de faire peser sur les peuples , le sceptre de l'ignorance, et d'établir le despotisme sur les ruines de nos libertés. Vous faut-il des preuves ? vous en trouverez mille dans les provinces où séjournent quelques temps ces missionnaires vagabonds, ces jésuites fanatiques. Vous y verrez des mères de familles, dont

l'esprit faible , exhalté par les sermons incendiaires de ces moines ,
fait le supplice de ceux qui les entourent. — Les missionnaires ,
Monsieur, sont de respectables
religieux que les prétendus libé-
raux s'attachent à calomnier, et l'institution des jésuites est aussi sainte
qu'utile à l'humanité. — Est-ce leur
humanité qui leur fit assassiner
Henri IV? Est-ce parce qu'ils sont
en odeur de sainteté qu'on vient
récemment de les chasser de Brest?
— Henry IV était un hypocrite
qui n'était pas rentré de bonne
foi dans notre sainte religion. Les
amis de la monarchie ne sauraient
aimer un prince hérétique. Quant
aux habitans de Brest , ce sont des
impies qui n'avaient aucune raison

pour en agir ainsi envers ces bons pères. — Votre erreur est grande, dit alors un personnage qui jusque là n'avait pris aucune part à la conversation ; les Brestois , continua-t-il , avaient de grandes raisons pour craindre les missionnaires jésuites , et je vais, si vous le trouvez bon, vous rapporter un épisode à l'appui de ce que j'avance. Chacun ayant témoigné qu'il l'entendrait avec plaisir , l'inconnu commença ainsi :

Épisode Historique.

Un habitant de Brest , ayant perdu sa fortune par suite de mauvaises spéculations commerciales , partit pour les îles , dans l'espoir de réparer promptement les pertes considérables qui l'avaient ruiné. Il passa plussieurs années aux Indes, se livra tout entier au commerce. Instruit par une longue expérience, il ne fit que des opérations avantageuse : sa fortune s'accrut promptement. Enfin , après plus de quinze ans de travaux , il se trouva riche de plusieurs millions. cependant le bon Brestois avait laissé en France une épouse et des enfans qu'il brûlait de revoir , et il pensa sérieusement à revenir dans sa patrie. Il y avait , dans la partie de l'Inde où il se trouvait, des jésuites; car ces gens-là sont de tous les pays. Depuis long-temps ils convoitaient la fortune du riche marchand, et ayant appris qu'il se disposait à retourner en France , ils jugèrent que l'occasion était des plus favorables , et résolurent d'en tirer bon parti. En conséquence ils écrivirent à ceux de leur ordre établis à Brest pour les informer de leur dessein.

Dès que le marchand français eut converti en or et en pierreries tout ce qu'il possédait, ce qui, ainsi que je l'ai déja dit , s'élévait à plusieurs millions, il s'embarqua sur un navire qui faisait voile pour Brest. Mais il ne devait pas échapper aux coups de ces pirates religieux : l'un de ces moines montait le même navire, et il joua si bien son rôle qu'ii s'acquit promptement la confiance du marchand.

La traversée fut des plus heu-

reuses, on n'était plus qu'à quelques
journées des côtes de France. Le
Brestois, tout joyeux d'une aussi
heureuse navigation, voulut donner
une petite fête à tout l'équipage :
son nouvel ami le jésuite fut de la
partie, et eut soin de se placer à
côté de l'Amphytrion, auquel il
versa à boire à plusieurs re-
reprises.

On mangea beaucoup, on but
davantage, et chacun s'étendit dans
son hamac, un peu plus gai que de
coutume ; mais pendant la nuit, le
marchand se trouva incommodé :
il se plaignait de coliques qui lui
déchiraient les entrailles, et de
nausées insupportables. On devine
aisément ce que cela signifiait, et
de quelle main le coup partait.

Dès que la rumeur qui se faisait dans le bâtiment eut appris au jésuite que son spécifique opérait, il se rendit près du malade, ordonna à tout le monde de se retirer, et commença un discours très-pathétique sur la fragilité de la vie, les misères de ce monde, et le bonheur qui était réservé dans l'autre à ceux qui savaient mériter le paradis. Ensuite il voulut confesser le moribond, et finit par lui persuader qu'il ne pouvait échapper à l'enfer qu'en donnant aux jésuites, les richesses qu'il raportait des Indes. Le bonhomme signa une donation que lui présenta son confesseur, et se prépara à faire le grand voyage. Le saint père espérait bien qu'il passerait avant

qu'on eût atteint les côtes de
France; mais son espoir fut déçu.
Le marchand était d'une constitu-
tion robuste; en dépit des soins
du jésuite, il prit le dessus de son
mal, et il était déjà en pleine convalescence lorsqu'on arriva à Brest.
Alors le saint homme changea de
batteries : « Mon cher frère, dit-il
au marchand, je vous ai caché
jusqu'alors le malheur de votre
famille ; mais enfin je suis forcé
de vous apprendre la vérité. Il y a
deux ans que vos enfans sont
morts, et votre épouse ne leur a
survécu que quelques mois. Vous
allez être étranger au sein de votre
pays ; vous avez besoin de soins,
et vous ne trouverez que des cœurs
durs sur lesquels l'or seul a quel-

qu'empire. Nous possédons tout près d'ici une abbaye, où vous serez reçu par des amis, par des frères, dont l'humanité est connue de toute la terre ».

Le marchand, homme d'un esprit très-faible, se laissa séduire par ce dicours. Le moine se hâta de le conduire à l'abbaye, où les monstres qui l'habitaient consommèrent le crime que leurs complices des Indes avaient projeté, et on fut quelques années sans entendre parler de cette atrocité.

Cependant la veuve et les enfans du Brestois, qui étaient vivans, entendirent parler de la fortune colossale qu'il avait amassée ; un capitaine de navire leur apprit que le marchand s'était embarqué pour

revenir en France avec environ dix
millions en or et en pierreries : il
dit le nom du bâtiment sur lequel
était monté le Brestois, et l'époque
à laquelle il avait dû arriver en
France. On commença une en-
quête, et on reconnut que les
jésuites étaient les spoliateurs de
cette riche succession. Les enfans
vendirent tout ce qu'ils possédaient
pour poursuivre les jésuites ; ceux-
ci semèrent l'or pour corrompre
les juges : l'affaire resta vingt ans
en litige. Enfin les moines furent
condamnés à une restitution de
huit millions. Vous croyez peut-
être que les malheureux héritiers,
réduits à vivres d'aumônes, re-
couvrèrent enfin l'héritage de leur
père ? point du tout : les jésuites

fireut tant que l'on ne put jamais leur faire restituer un denier. Quelques années après il furent chassés de France, le gouvernement confisqua tous leurs biens, et les petits neveux du Brestois, après plus de trente ans d'inutiles réclamations, furent contrains de renoncer à leurs droits moyennant une somme de soixante mille francs. Ce fut tout ce qu'ils retirèrent d'une fortune de dix millions.

Trouvez-vous maintenant si étonnant que les habitans de Brest aient ces moines en horreur? — Je veux croire que ce que vous dites est vrai, répliqua le lourd critique de mon petit ouvrage; mais les jésuites d'aujourd'hui ne sont pas ceux qui existaient il y a cent ans. Ceux d'aujourd'hui sont de saints religieux qui ne cherchent qu'à raffermir les autels ébranlés, qu'à ranimer l'amour de Dieu dans le cœur de ses enfans; enfin ils ne combattent que l'athéisme et l'hérésie. — Et pour parvenir à vaincre de tels ennemis, ils prêchent la guerre civile, et veulent que l'ignorance la plus crasse soit le partage du peuple. — J'assistai il y a quelques jours au sermon d'un prédicateur en réputation, interrompit un des interlocuteurs : il prêcha sur l'ignorance des filles; il prétendit que les maîtresses de pension ne devaient enseigner à leurs élèves qu'à se préparer pour recevoir dignement notre Seigneur, et assura que l'ignorance absolue était la seule chose capable de conduire les filles en paradis. — Cela est d'autant plus étonnant, repris-je, que l'abbé de la M..... sait mieux que personne comment l'esprit vient aux filles. — A propos de maîtresse de pension, dit le narrateur de l'épisode jésuitique, j'en connais une qui s'arrange parfaitement avec un des curés de la capitale; ce curé, qui est le directeur de jeunes pensionaires, ne manque jamais, un mois avant la fête de la maîtresse, de rappeler à ses pénitentes qu'elles ne peuvent se dispenser de faire quelque joli présent à la bonne dame qui, *pour de l'argent,* a soin de leur éducation. Il en est même auxquelles il ordonna, pour pénitence, de doubler le prix qu'elles se disposaient à mettre au présent dont je viens de parler.

De son côté la maîtresse reconnaissante n'oublie pas le jour de la fête de monsieur le curé, et tout cela s'arrange de manière que chacun y trouve son compte, excepté les parens des élèves. — Puisque vous en êtes sur l'article des curés, reprit le conteur du sermon, il faut que je vous dise deux mots d'un prédicateur des environs de Paris, le curé de Bon...

« Mes chers frères, disait-il il y a quelques jours, voyez les murs de cette église : ils étaient autrefois ornés de tableaux précieux; ils sont nus maintenant, et personne d'entre vous ne songe à les revêtir. N'allez pas croire, mes frères, que ce que je vous en dis soit pour vous demander quelque chose ; imitez seulement la piété et la générosité de vos ancêtres ».

Quelle naïveté ! s'écria une partie de ceux qui se trouvaient dans la boutique ; les autres ne dirent rien, c'étaient des *honnêtes gens*.

Dans ce moment entra un confrère de mon libraire. « Qu'avez-vous donc, mon cher B.. ? lui demanda ce dernier, vous avez l'air bien mécontent. — Je suis furieux, répondit B. je reçus, il y a quelque temps, une lettre du père R.... chef de mission, par laquelle il me priait de lui envoyer un exemplaire complet des œuvres de Voltaire, et un des œuvres de

Rousseau. Cette demande m'étonna à cause de celui qui la faisait, il ne parlait pas d'argent; mais un chef de mission ne pouvait être un escroc, je le pensais au moins. Je choisis donc la plus belle édition et je fis l'envoi. Cependant au bout de quelques mois, n'entendant plus parler de père R..., je lui écrivis pour qu'il me fît passer le montant des ouvrages, et voici ce qu'il me répond ». Alors le libraire tira une lettre de son portefeuille et lut ce qui suit :

« Vous m'avez envoyé un exemplaire des œuvres infernales de Voltaire, et un autre de Rousseau, mon cher monsieur B. mais, hélas! cela n'a pas eu tout le succès que j'en attendais. Vous pensez bien que ce n'était pas dans l'intention de lire les ouvrages de ces âmes damnées, que je vous les demandais; c'était pour en faire un auto-dafé au pied de la sainte croix que nous avons plantée dans cette ville; et je comptais, pour vous payer, sur la quête qui devait suivre cette cérémonie. Ah! mon cher monsieur B., vous ne sauriez croire combien la foi est tiède dans ce pays : la quête n'a pas couvert le quart de nos frais, et, en vérité, il m'est impossible de vous payer la somme que vous demandez pour les livres en question. Mais voulant vons dédommager de cette perte, je vous envoie une partie de nos marchandises en échange

des vôtres. Ces marchandises con-
sistent en rosaires, cantiques et
crucifix, les uns bénis par moi, les
autres par notre saint-père le papé.
Faites en sorte de vous défaire
promptement de cette pacotille,
car je vous avoue que cette partie
tombe tous les jours : on n'en veut
pas entendre parler ici, et nous
allons être forcés d'aller tenter fortune ailleurs. Recevez en outre,
mon cher monsieur B., la béné-
diction que vous donne de bon
cœur,

Le père R.,

Chef de mission. »

De longs éclats de rire succédè-
rent à la lecture de cette étrange
épître : il n'y eut que le libraire à

qui elle était adressée, et les honnêtes gens dont j'ai parlé plus haut
qui ne rirent point.

Messieurs, dit enfin l'un de ces
derniers, vous êtes possédés de
l'esprit novateur : j'en suis fâché
pour vous, car c'est le plus mauvais de tous les esprits; mais heureusement le peuple ouvre les yeux,
il commence à revenir de toutes les
innovations : témoin l'enseigne-
ment mutuel dont on ne veut nulle
part, tandis qu'on établit des écoles
chrétiennes partout, — Et qu'ap-
prend-on dans ces écoles ? — Ce
qu'on apprend, dit alors un petit
homme qui jusqu'alors n'avait rien
dit, je vais vous le faire voir. Il
nous montre aussitôt des couplets
faits par un jeune homme de dix-

huit ans, élève des ignorantins.
Je vais transcrire ici ces couplets
faits à l'occasion de la distribution
des prix. Je n'en omettrai pas la
moindre chose, je conserverai
même l'orthographe.

« Célébrons la munificence
« De nos généreux magistrats,
« Et qu'honoré de leur présence
« Chacun répète : Vive le roi ! (*bis*)

« C'est ce qui brille en leur personne,
« C'est par là qu'ils ont mérité
« La confiance que leur donne
« Du citoyen de ces contrées.

« *Quel* gloire! *quelle* bonheur
« *Quant* avec zèle on *s'ampresse*
« De se donner au Seigneur
« Dès sa plus tendre *enfance* ».

Messieurs, dit encore le petit
homme, ne vous étonnez pas de ce

chef-d'œuvre, il a été revu et corrigé par le chef de l'institution ;
mais, continua-t-il, si les ignorantins
suent sang et eau à fouetter les
jeunes garçons, pour leur apprendre à épeler, s'ils font des dis-
tributions de prix, si chez eux
on apprend tant de choses, même
à tourner des couplets de la force
de ceux que vous venez de voir,
les jésuites, de leur côté, ne né-
gligent rien pour l'instruction des
jeunes filles, et en cela ils ne sont
pas d'accord avec M. l'abbé de
la M.... Dans toutes les villes où
veulent bien séjourner..... c'est-
à-dire où l'on veut bien laisser séjourner nos pieux missionnaires,
on est étonné des progrès que font
les demoiselles dans les sciences...

exactes. Si les ignorantins ap-
prennent à faire des couplets ,
leurs *frères et amis* les jésuites ap-
prennent à les chanter : des congrégations de jeunes *vierges* , font ,
pendant le service divin , retentir
les voûtes des églises de leurs chants
mystiques; les airs sur-tout sont très-
bien adaptés au sujet : par exemple,
un cantique à la Vierge se chante
sur l'air *Femme sensible ;* un autre
au Saint-Esprit se chante sur un air
pour le moins aussi bien choisi.
Cela est charmant , on n'y tient
pas ; aussi les quêtes sont-elles d'une
abondance ! .... Et les conversions
donc ! .... Tout le monde gagne à
cela ; il n'y a que le diable qui n'y
trouve pas son compte. Cela est
tout simple : pour trente sous on

rachette un péché mortel , un péché véniel n'en coûte que quinze. Vous conviendrez qu'il faudrait être *l'ennemi de soi-même, et n'avoir pas quinze sous dans sa poche*, pour se laisser conduire en enfer tandis que le paradis coûte si peu... En vérité je ne sais pas comment ils font leurs frais......

Pendant ce temps , Belzébut , pour se désennuyer , s'amuse à brouiller les ménages. Madame va entendre le sermon du père R.... Ce saint homme tonne contre les lumières et les novations du siècle. Madame , en rentrant, signifie à son mari le jugement du prédicateur , et lui ordonne de rendre au seigneur du lieu les bois qu'il a achetés ; le mari prétend qu'il a

payé ces bois; que le gouvernement lui en assure la propriété, et
qu'il ne les rendra pas : Madame
s'emporte, brise la vaisselle, bat
ses enfans, et tout cela pour prou-
ver qu'elle a raison, et que les
acquéreurs de biens nationaux
iront en enfer, en dépit de la charte,
et de toutes les constitutions du
monde. Voyez combien les mis-
sions sont indispensables dans un
siècle aussi corrompu.... Étonnez-
vous après cela des adieux touchans
qu'on leur fait, et des regrets qu'ils
emportent. Je veux à ce sujet
vous rapporter une anecdote édi-
fiante, dont je vous garantis l'au-
thenticité.

Le père R.... et quelques uns
des siens étaient à B..., où ils

firent maint prodiges, car vous
saurez que les missionnaires font
aussi des prodiges, et cela n'a rien
d'extraordinaire; le Christ en faisait
bien! Imiter le Christ..... Cela est
beau; mais cela n'est pas facile.
Notre Sauveur, soit dit sans l'of-
enser, avait affaire au peuple le plus
ignorant de la terre, et le père R...
avait pour spectateurs, des Français
du dix-neuvième siècle, ce qui n'est
pas tout-à-fait la même chose. On
reconnut bientôt qu'une vierge en
plâtre qu'ils faisait pleurer avait la
tête creuse; qu'au moyen d'un petit
trou sur le crâne on l'emplisait
d'eau, et que les larmes abondantes
s'échappaient par de petits trous
pratiqués dans les prunelles; on reconnut qu'un paralytique qu'ils

avaient guéri s'était toujours bien porté , etc., etc.

Après un tel désappointement, vous pensez que les saints faiseurs de miracles songèrent à la retraite ; mais on peut dire qu'ils la firent honorable , et qu'elle ressemblait plutôt à une victoire qu'à une défaite. Le père R....., selon sa très-louable coutume, avait organisé à B. des congrégations de filles, dont les accens mélodieux réjouissaient l'oreille du Seigneur d'une manière toute particulière, car il est clair que le Seigneur aime beaucoup la musique, témoin les faux-bourdons des lutrins, et les lourds et monotones serpens qui se font entendre dans les temples pour la grande gloire de Dieu. Lorsqu'on

parle d'une excellente musique, on
a coutume de dire : C'est une musique céleste , et le plain-chant
prouve la justesse de cette comparaison. Mais il est ici question des
missionnaires et des jeunes filles;
ne nous écartons pas de notre sujet.
Dès que ces dernières apprirent que
les saints pères allaient quitter la
ville, leur juste douleur éclata ;
elles se trouvèrent spontanément
rassemblées à la porte de l'hôtel
qu'habitaient le père R... et sa sacrée
cohorte, et là elles chantèrent des
couplets d'adieu capables d'atten-
drir les cœurs les plus férocès.
Ce délicieux concert n'était inter-
rompu que par les soupirs et les
sanglots que les néophites laissaient
échapper en mesure ; et qui pro-

duisaient un effet aussi délicieux
que difficile à décrire. Les missionnaires ne purent résister au
plaisir d'entendre de plus près cette
douce harmonie, et se placèrent au
balcon; mais leur vue, loin de calmer les sensibles fillettes, ne fit
que rendre encore leur chagrin
plus vif. Nous les voyons donc
pour la dernière fois ! disait-on
d'un côté. Ils nous quittent donc
pour toujours , répondait-on de
l'autre. Ah ! si du moins je m'étais
confessée encore une fois ! disait
une Agnès. Je ne voudrais que
baiser encore le bas de sa robe !
reprenait une autre,... Et les couplets
de recommencer de plus belle.

Cependant la nuit avait tout-à-
fait déployé ses sombres voiles,

on était dans l'obscurité la plus profonde. Tout-à-coup les jeunes vierges forment le courageux dessein de pénétrer dans l'appartement des saints pères , pour les conjurer de leur accorder encore quelques jours. A peine conçu, ce projet fut mis à exécution. On se précipite en foule dans l'hôtel , on se heurte , on se presse dans l'escalier qui conduit à la sainte retraite des divins apôtres. Le père R..... lui-même vient ouvrir la porte du bercail à l'innocent troupeau. La croisée était aussi ouverte , le courant d'air éteint les lumières. Ici la scène commence à être plus piquante.

Dans cette occasion , le père R... et ses saints frères firent usage d'un

procédé connu de la gent religieuse ;
ils eurent soin de reporter leur âme
vers Dieu, et il s'ensuivit de là bien
des choses que je ne rapporterai
pas, parce qu'il n'y avait pas de
lumière, et que par conséquent
on n'y voyait rien ; mais ce que je
puis assurer, c'est que les soupirs
continuaient à se faire entendre, et
que pas un des acteurs de cette
scène touchante ne songeait à la
faire cesser. Enfin les bons pères,
ne pouvant parvenir à *consoler* les
charmantes affligées, furent bien
forcés de renoncer à l'entreprise,
et un domestique ayant apporté un
flambeau, l'ordre se rétablit à-peu-
près, ce qui n'empêcha pas qu'il
y eût quantité de *bijoux* perdus
dans la mêlée, et la plupart des

fillettes ne s'en retournèrent pas comme elles étaient venues.

On rit beaucoup de l'anecdote du petit homme, qui, enchanté lui-même de l'attention que lui prêtait son auditoire, n'était pas disposé à lâcher prise de sitôt. Je me trouvais, dit-il, il y a quelques jours, dans une caserne d'infanterie : le régiment qui l'occupait venait de recevoir un nouvel aumônier; et ce dernier, afin de connaître son monde , demandait à chaque soldat quelle religion il professait : — Qu'es-tu ? demandait-il à l'un. — Calviniste. — Et toi ? — Luthérien. — Et toi ? — Juif. — Et toi ? — Protestant, — Et toi ? dit-il enfin, en s'adressant à un grenadier balafré. — Je suis de la vieille garde, répondit le héros.

Pour le coup, on crut le répertoire du caustique personnage épuisé ; mais tirant de son portefeuille un pétit papier : Je vous ai montré, nous dit-il, les vers des ignorantins, vous allez voir que la prose des jésuites ne leur cède en rien, et alors il fit circuler le fragment que voici :

« Seigneur, j'adore vos os disloqués, vos nerfs déchirés, vos pieds et vos mains cloués, votre tête percée d'épines, vos yeux baignés de larmes, votre langue abreuvée de fiel, et votre corps tout couvert de sang.

Cette prière provoqua de nouveau le rire de l'assemblée. Chacun convint qu'il serait difficile de tracer un tableau plus dégoutant des souffrances de l'espèce humaine.

Messieurs, dit enfin le petit homme, que tout ceci ne vous fasse pas croire qu'il n'existe pas d'honnêtes ecclésiastiques ; il y en a, gardez-vous bien d'en douter. J'en connais un qui ne se mêle ni des biens nationaux, ni de la charte : mais il console les affligés, distribue des aumônes aux pauvres, et prêche l'union et l'oubli. — Ah ! monsieur, m'écriai-je, qu'un tel homme est précieux ! et que vous êtes heureux d'avoir rencontré un pareil trésor. Cet ecclésiastique mériterait qu'on lui élevât des autels. — Eh bien ! mon cher monsieur, cet homme est en butte à toutes sortes de persécutions de la part de ses chefs; et parce qu'il est honnête homme, on prétend qu'il est l'ennemi de la religion. *O tempora! o mores!* Et nous sommes, dit-on, dans le siècle des lumières. S'il en est ainsi, nos antagonistes sont de véritables hibous. Les ténèbres de l'ignorance, voilà ce qu'il leur faut, voilà ce qui convient à des gens avides de pouvoir, et à ces vils esclaves, faits pour toujours ramper. — Doucement! doucement! répliqua le petit homme, vous tonnez contre l'intolérance, et vous ne remarquez pas que vous-êtes, vous-même, plus intolérant que ceux que vous blâmez.

Le préjugé est trop fortement enraciné pour qu'on puisse le dé-

truire tout d'un coup ; il faut attendre du temps ce qu'on ne peut
obtenir de la raison. L'esprit, le
jugement, sont des présens du
ciel ; s'il les a refusés à ces hommes,
nous devons les plaindre plutôt
que les blâmer ; et si chacun voulait,
de son côté, faire quelques con-
cessions, on serait bientôt d'accord.
Il faut pourtant espérer que cela
viendra ; mais je n'en persiste pas
moins à soutenir qu'il existe de
bons et vertueux ecclésiastiques, et
que ceux-là ne sont ignorés que
parce que le vice est plus saillant
que la vertu : c'est là un mal d'autant plus grand qu'il est incurable.
—Vous avez raison, dis-je à mon
tour, et je vais vous rapporter
une aventure vraie, jusqu'en ses

moindres détails, et qui prouve que non-seulement il existe des ministres vertueux de notre sainte religion; mais encore que ces ministres et leurs doctrines sont capables de ramener dans le chemin de l'honnenr ceux qui s'en sont le plus écartés.

Le curé de la petite ville de G. était chéri, non-seulement de tous ses paroissiens, mais encore des habitans des villages voisins, qui connaissaient les vertus de ce ministre de paix. Sa porte était toujours ouverte aux malheureux et souvent, même au milieu de la nuit. il n'hésitait pas à se transporter à plusieurs lieues de G. pour porter des consolations à un moribond. Une de ces ces nuits, comme il revenait de remplir la noble tâche que lui-même s'était imposée, et que, monté sur un très-pacifique coursier, il traversait un bois d'une assez grande étendue, il fut arrêté par deux hommes qui se mirent en devoir de le dépouiller. — Mes amis, leur dit-il, je ne possède que quelques écus que je vous donnerais d'un grand cœur, si cela pouvait vous engager à abandonner l'infâme métier que vous faites. — L'injustice et la méchanceté des hommes nous ont forcés à l'embrasser, répondit l'un d'eux : trève de morale, elle serait inutile. Ce discours fit concevoir à notre ecclésiastique, le noble et courageux dessein d'entreprendre de ramener ces hommes dans la voie de l'hon-

neur. — Messieurs, répondit-il,
en leur présentant sa bourse, ce
que je vous *donne* là est un faible
dédommagement des malheurs qui
vous ont plongés dans l'abîme
où je vous vois, car ils doivent être
grands : cependant, si vous consen-
tez à me conduire au milieu de vos
camarades, il est possible que je
vous sois d'une grande utilité ; et
si ensuite vous doutez de ma sin-
cérité, vous serez les maîtres de me
retenir. Ce discours étonna les brigands : la nuit était fort sombre,
ils ne savaient à qui ils avaient
affaire. Mais cet homme était seul,
il offrait de les servir, et ils ne
virent pas grand inconvénient à
souscrire à sa demande. En conséquence ils lui firent mettre pied à

terre, l'un d'eux prit le cheval par
la bride et on marcha en silence
jusqu'à un petit hameau qui n'était
pas fort éloigné. On frappa trois
coups à la porte d'une chaumière
qui s'ouvrit aussitôt, et notre curé
se trouva au milieu de quatre
hommes de différens âges, sur la
figure desquels le malheur avait
empreint ses traits. Ceux-ci ne
furent pas médiocrement surpris
lorsqu'ils virent entrer un ecclésiastique dans leur retraite, ils s'en-
tre-regardaient comme pour se
demander ce qu'il fallait faire de
ce prêtre. Celui-ci devina ce qui
se passait en eux, et prenant la
parole : Messieurs, leur dit-il,
j'ai annoncé que je pourrais vous
être de quelqu'utilité, et j'ai dit

vrai, puisque je viens vous offrir mes conseils et mon appui pour abandonner ce genre de vie que vous menez.—Vos sermons seront perdus, dirent trois des brigands ; nous ne sommes point catholiques, chacun de nous est né dans une réligion différente : l'un est protestant, l'autre juif ; celui-ci mahométan, et celui-là catholique. —Eh! mes amis, est-ce sur des mots qu'il faut discuter ? Qu'importe le nom que vous donnez à votre créateur ? votre encens et vos hommages s'adressent à un même Dieu, à l'Être Suprême, qui a tout créé, et dont tout nous annonce l'existence. Mais, quel que soit le nom qu'on lui donne, ce Dieu veut le bien, et vous faites le mal. L'é-

tonnement de ces hommes redou-
blait ; ils ne concevaient pas qu'un
prêtre catholique pût tenir un tel
langage, car ils savaient que les
ministres de cette religion étaient
les plus intolérans du monde.
— Ecoute, lui dit le catholique,
et juge-moi : le despotisme, la
tyrannie, m'avaient enlevé la
presque totalité de mes biens, ma
femme en était morte de chagrin ;
mais il me restait une fille, elle
semblait destinée à me consoler de
toutes les pertes que j'avais faites ;
il eût été difficile de réunir plus de
tendresse, de beauté, d'esprit, de
grâces. Accoutumée de bonne
heure à servir le Dieu de ses pères,
elle ne négligeait aucune de ses
pieuses pratiques, et j'applaudissais

à sa dévotion. Hélas ! j'étais loin de prévoir l'affreux malheur qui me menaçait. Ma fille avait pour directeur un ecclésiastique..... ou plutôt un monstre vomi par l'enfer. Depuis quelque temps je m'étais aperçu que la jolie figure de ma Sophie n'avait plus sa gaieté ordinaire ; en vain j'avais voulu en pénétrer la cause. Elle se rendait chez son directeur plus fréquemment qu'elle n'avait fait jusque-là. Cela commença à me donner de sérieuses inquiétudes ; je résolus de découvrir la cause de ce changement, et, dans cette intention, je me rendis chez le directeur, dans le temps où je savais qu'elle s'y trouverait. Arrivé à la porte de l'appartement du prêtre, des cris frappent mon oreille ; je reconnais la voix de ma fille , j'enfonce la porte : je suis anéanti !.... Sophie, étendue sur un lit, se défendait contre les exécrables tentatives du scélérat. Un couteau se trouve sous ma main, je m'élance, et j'arrache à ce misérable une vie qu'il avait souillée de crimes.

Sophie, éperdue, redoute ma colère qu'elle ne méritait pas. Une croisée était ouverte, elle se précipite et meurt à mes yeux ! Les voisins se rassemblent; on m'arrête, je suis jeté dans un cachot, accusé d'assassinat et condamné à mort.

J'avais de l'or, je séduisis mon geolier ; mais j'avais perdu l'estime de mes concitoyens, ma fortune était anéantie. La société des hommes, l'injustice qui en est l'apanage, devinrent pour moi des objets d'exécration ; je résolus de me venger, et je me venge.—Vos malheurs sont grands, reprit le curé, et vous les aggravez tous les jours. Vous aviez tout perdu ; mais il vous restait une conscience pure. Que vous reste-il maintenant ?— Il est très-facile de prêcher le bien ; mais prêcher d'exemple est plus difficile, et vous oubliez que l'auteur de tous mes maux était comme vous un prêtre qui ne parlait que morale, religion, amour de Dieu, etc. — Ah ! mon cher ami, je suis loin de nier qu'il existe de ces êtres abominables, l'opprobre

de l'espèce humaine; mais s'en-
suit-il, de ce qu'on a été victime de
ces monstres, qu'on doive devenir aussi méchans qu'eux ?... Ren-
trez, croyez-moi, dans le chemin
de l'honneur.

Le juif, le musulman et le protestant, racontèrent aussi ce qui les avait
décidés à embrasser l'état qu'ils pro-
fessaient. Tous avaient été victimes
de l'intolérance, du despotisme,
et de la méchanceté des hommes.
Le bon pasteur leur fit alors un
discours si touchant, si entraînant,
qu'il arracha des larmes à ses quatre
auditeurs. Il ne parla ni de l'enfer,
ni *d'un Dieu vengeur*, ni d'une dam-
nation éternelle; il ne leur dit point

que hors l'église catholique apos-
tolique et romaine il n'y avait point
de salut ; mais il leur peignit avec
tant d'éloquence le charme d'une
vie irréprochable, qu'ils sentirent
tout ce que leur profession avait
d'odieux, et résolurent de quitter
le sentier du crime qu'ils sui-
vaient déjà depuis long-temps; mais
comme ils avaient consommé dans
la débauche tout le butin qui pro-
venait de leurs expéditions, ils ne
savaient quoi entreprendre pour
vivre. Le bon curé ne voulut pas
qu'un si petit obstacle empêchât
cette miraculeuse conversion, et il
leur promit de leur procurer des
moyens d'existence. Revenu au
presbytère, ce brave homme ven-

dit quelques arpens de bois, seul
bien qui lui appartînt en propre ; il
y joignit le peu d'argent comptant
qu'il possédait, et retourna vers
les quatre voleurs, auxquels il re-
mit le tout en leur recommandant
d'en faire bon usage. Ceux-ci l'employèrent à monter une auberge
qu'ils exploitèrent de compagnie,
et bien qu'étant de religions différentes, notre curé était leur seul
directeur, et il sut, par sa sagesse,
entretenir la concorde parmi eux.

Cette anecdote avait fait prendre
une tournure sérieuse à la conversation, le petit homme, lui-même,
ne riait plus.

Chacun approuva la conduite

généreûse de l'honnête ecclésiastique, et on convint que, puisque
tous les cultes avaient le même
but, il importait peu à un homme
bienfaisant que celui qu'il soula-
geait fût musulman ou chrétien.

Les *honnêtes gens*, qui depuis un
quart-d'heure ne disaient rien, se
retirèrent en marmotant quelques
paroles que nous n'entendîmes
point : et deux heures après des
agens de police vinrent visiter le
magasin du libraire, où, fort heureusement, ils ne trouvèrent rien
à prendre.

Tout cela est fort bon, me dit
le littérateur auquel j'avais confié
mon manuscrit ; mais tout *homme*,

tout écrivain courageux ne doit
pas être arrêté par d'aussi minces
considérations. Son devoir est d'é-
clairer ses contemporains , et ce
devoir est sacré. — Il est sacré ,
je le veux ; il y a quelque mérite
à le remplir, j'en conviens ; mais
lorsqu'enfermé dans une étroite
prison , privé d'air, et des choses
les plus nécessaires à la vie, lorsqu'il ne sera pas permis à un ami ,
à un parent de me faire entendre
quelques paroles de consolation,
qui me dédommagera de toutes
ces peines? — L'estime et la recon-
naissance de vos contemporains.
— Et s'ils sont ingrats ? — Votre
conscience, et la certitude d'avoir
fait votre devoir.

N'ayant plus rien à objecter, je mis la main à l'œuvre ; et le public sera bientôt à portée de juger, en lisant *le Marquis de la Rapière*, *et Maître Corbin* (1), si j'ai atteint le but proposé.

---

(1) Deux Ouvrages, du même Auteur, qui paraîtront incessamment.

FIN.